大家さんのための賃貸トラブル解決法

弁護士
横山正夫 [監修]

フリーライター
飯野たから [著]

自由国民社

図解で見る	はじめて大家さんになる人に

　相続税対策でアパート・マンション経営を考える人は多いでしょう。相続税算定の評価額が額面通りの預貯金と比べ、路線価や固定資産税評価額を使う土地家屋は資産価値（市場価格）が同じなら、一般的には課税対象額が低くなるのが普通です。しかも、賃貸物件はその金額がさらに下がります。

　もっとも、銀行から建設資金や取得資金を融資してもらい、賃貸アパートや賃貸マンションを手に入れても、なかなか借家人が見つからず、物件の空き室が埋まらなければ、利益を上げるどころか、月々の借入れの返済もままならないということにもなりません。これでは節税になるどころか、借金を家族に残してしまいます。

　最近も、不動産の有効活用の一つとして、賃貸物件の取得や建設を進めるチラシやネット広告をよく見かけますが、「大家さんになると得」という不動産業者や建設業者、銀行の話をそのまま信じるのは危険です。賃貸マンションや賃貸アパートの経営を始めるなら、必ず自分で収支計画を検討してください。

　右図は賃貸物件の状態と資金繰りから見たアパート・マンション経営の目安です。あなたが大家さんになる予定の物件が、どこに入るか、チェックしてみたらどうでしょう。

・借家人とのトラブルを上手に解決できるかどうかも、大家さん成功の鍵

　借家人が家賃を払ってくれない、無断で又貸しされたなど、借家契約をめぐって大家さんの頭を悩ますトラブルが生じることも少なくありません。しかし、借家人は借地借家法や消費者契約法により手厚く保護されていて、たとえ契約違反があっても、大家さんが簡単に追い出せないのです。こんな現実を知らずにマンションやアパートの賃貸経営を始めると、後からトラブルに遭遇し、どう対処していいのかわからず、困り果て慌てふためくことにもなりかねません。

　この本では、大家さんが遭遇する様々なトラブルの解決法を、各章で詳しく紹介してありますが、始めにトラブル発生の際、大家さんはどんな手順で借家人に対処したらいいか、その流れを図（4頁〜5頁）にしてみました。最終的には正式裁判（通常訴訟という）で解決を図るしかありませんが、ADR（裁判外紛争解決制度）など裁判手続きによらずに紛争解決を図る（和解、調停、仲介）こともできます。もちろん、当事者同士の話合いで解決できれば、それがベストです。

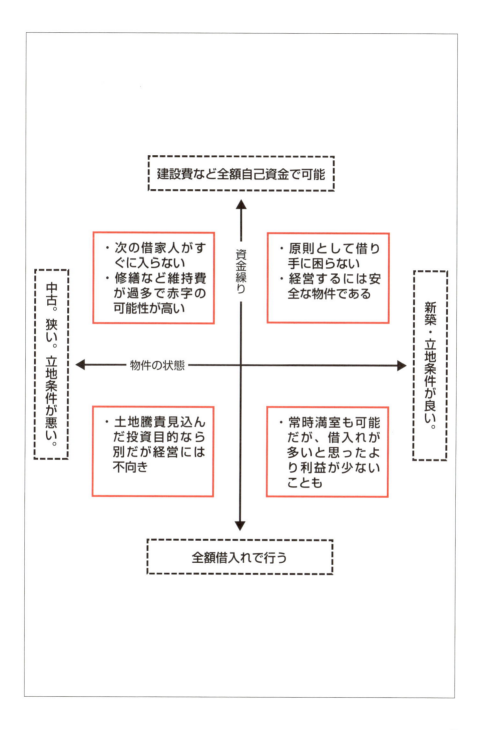

図解で見る　借家人とのトラブルに対処する法＝まるわかり

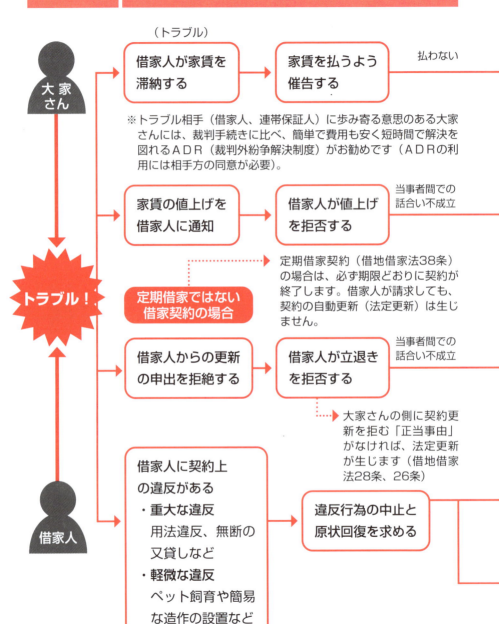

★ポイントは、どこで裁判を起こすか!…裁判は最後の手段

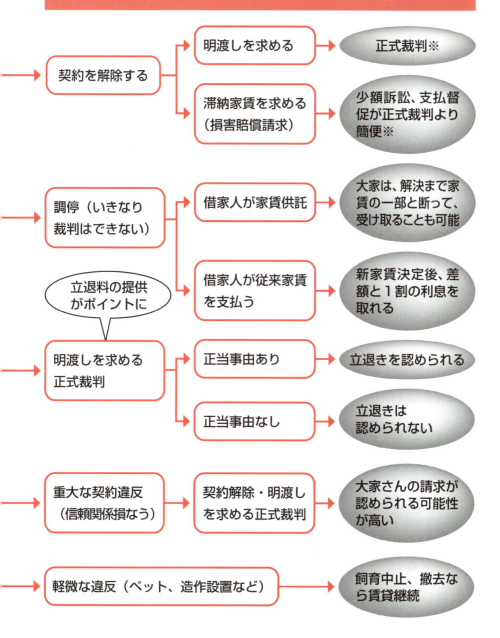

も く じ

図解で見る

はじめて大家さんになる人に ……………………………………………………… 2

借家人とのトラブルに対処する法＝まるわかり ……………………………… 4

第1章

家賃を払ってくれない借家人への対抗法

◎家賃の滞納や増減額請求のトラブル解決手続き

1 借家人が家賃を払わないとき、どうすればいいですか ……………………… 14

【サンプル】家賃支払いを求める内容証明

チャートで見る 家賃を払わない借家人への対処法 ……………………… 16

2 1回の家賃不払いで、借家人を追い出せますか ……………………………… 19

3 借家人が家賃を払わないとき、保証人に請求できますか ………………… 23

4 家賃を払わない借家人、部屋の鍵を替えて部屋から締め出せますか ……… 26

5 借家人が居留守を使うので、合鍵で部屋に入れませんか ………………… 30

6 借家人が家賃を払うまで取立てを続けてもいいですか …………………… 33

7 収入があるのに家賃を払わないときはどうすればいいですか ……………… 36

【サンプル】 少額訴訟の訴状

8 いつも滞納する借家人を部屋から追い出せませんか ………………………… 40

【サンプル】 家賃滞納による契約解除の内容証明

9 借家人が滞納分の家賃は敷金から取ってくれと言いますが ……………… 43

10 長期間家賃を滞納する借家人には退去を求めるしかないですか ………… 45

11 家賃を上げたいが、借家人が承諾しないときはどうすればいいですか … 46

チャートで見る 家賃値上げはどんなときできるか ……………… 48

12 値上げを求めたら家賃を供託されたが、どうしたらいいでしょうか …… 51

13 借家人から家賃の値下げを求められて困っているのですが ……………… 53

14 払い遅れの家賃があるので、利息を取りたいのですが …………………… 56

コラム 家賃の増減額をめぐる判例 ……………………… 58

第2章

借家人をスムーズに立ち退かせる法

◎立退き・明渡し・更新をめぐるトラブルと解決手続き

1 建て替えをしたいが借家人を立ち退かすにはどうすればいいですか ……… 60

【サンプル】 立退きを求める内容証明

7

| | チャートで見る 立退きを求められる条件 | 62 |

2 行くところがないと立ち退かない年配の借家人は、どうしたらいいですか … 65

3 老朽化で建て替えしたいが、立ち退いてもらえますか ………………………… 67

4 経営上、建て替えをしたいが、借家人に立ち退いてもらえますか ………… 69

5 立退料が安いとゴネる借家人はどうすればいいですか ……………………… 72

6 契約の更新をしたくないが、どうすればいいですか ………………………… 74

チャートで見る 更新拒絶の可能性 …………………………………… 76

7 転勤中だけの約束で貸したのに立ち退いてくれないのですが ……………… 79

コラム トラブルを増やさないために ………………………………… 81

8 いつでも明け渡す約束なのに借家人が出てくれないのですが ……………… 82

9 借家人に立ち退いてもらうとき、必ず立退料は必要なのですか ………… 85

10 立退料はいくら払えばいいのですか ………………………………………… 88

11 借家人に非があるときも立退料は必要なのですか ………………………… 92

12 契約を更新するとき、更新料は必ずもらえるのですか ……………………… 94

コラム 更新料条項をめぐる最高裁の判例から ……………………… 95

13 立退きの際、借家人が勝手に付けた造作を買い取れと言うのですが …… 97

14 借家人が死亡したとき、同居人を退去させられますか ……………………… 99

15 アパートを相続したが、借家人を追い出して自分が住みたいのですが … 101

第3章

借家人の契約違反に
上手に対処する法

◎無断転貸・用法違反・迷惑行為など契約違反をめぐるトラブル
　と解決手続き

1 契約条件を守らない借家人は追い出せますか ……………………………………… 104

　チャートで見る 契約違反行為と大家さんの対応 ………………………… 106

2 無断で又貸ししてる借家人は追い出せますか ………………………………… 109

3 ペット禁止を無視する借家人を追い出したいのですが ……………………… 113

4 勝手に増改築した借家人を追い出したいのですが ………………………… 116

5 近所迷惑な借家人を追い出すことができますか ………………………… 120

6 １人で住む約束なのに同棲していますが、契約を解除できますか ……… 123

7 住居として貸した部屋なのに学習塾の経営に使ってるのですが ………… 125

8 他の借家人のプライバシーを侵害する借家人を追い出したいのですが ‥ 128

9 元住人が合鍵で侵入し、被害にあった借家人から賠償請求されたのですが ‥‥ 131

10 借家人が暴れて壁を壊したが、弁償してもらえるでしょうか ……………… 133

11 住居として貸したのに勝手に民泊をしているので、契約解除したいのですが ‥‥ 136

12 近所迷惑な宿泊客の多い借家人の民泊業者を追い出すことができますか …… 139

コラム 民泊豆知識〜設備や衛生面など一定の要件さえクリアすれば
「民泊」は届出だけで開業できる ……………………………………… 142

第4章

有利に借家契約を
結ぶ法

◎基礎知識から特約条項まで借家契約をめぐるトラブルと解決手続き

1 借家契約をするときはどういう点に気をつければよいですか ……………… 144

【サンプル】一般的な普通借家契約の契約書 ……………………………… 147

2 畳や壁の自然な損耗も借家人に直させたいのですが ……………………… 150

3 敷金を返さない特約は有効ですか …………………………………………… 153

4 修繕費や滞納家賃を回収するには敷金が足りないのですが ……………… 157

5 借家事故で大家の賠償責任を免除する特約は有効ですか ………………… 159

6 借家人だけペット禁止で大家はペットを飼うことはできるのですか …… 162

7 壁に穴があいていて、借家人は入居時からあったと言うのですが ……… 165

8 更新をしない定期借家の方式はどんなときに利用すればいいですか …… 168

チャートで見る 定期借家と普通借家 ………………………………………… 170

9 定期借家なら期間満了で必ず借家人に出ていってもらえますか ……………… 173

【サンプル】定期借家契約の契約書 ……………………………………………… 175

10 定期借家の借家人が中途解約しましたが、残りの期間の家賃を取れますか ……… 180

11 ３か月だけ家を貸したいが、どうすればいいですか ……………………………… 183

12 共用部分の光熱費を借家人から取れますか ……………………………………… 185

13 借家人がずっと不在で連絡もないのですが、貸室を整理できないでしょうか …… 187

14 アパート１棟を相続したが、借家人との契約内容を有利に変更できませんか … 189

15 古民家を民泊で9か月だけ借りたいというが、どんな貸し方がいいですか … 191

【サンプル】一時使用の借家契約の契約書 ……………………………………… 195

第5章

媒介・管理業者とのトラブルに対処する法

◎業者の違反・不正行為や倒産をめぐる解決手続き

1 管理を委託した不動産業者を信頼できないが、どうしたらいいでしょうか ……… 198

チャートで見る 信頼できる業者の見分け方 ……………………………………… 200

2 管理を任せた業者が約束を守らないが、どうしたらいいでしょうか ……… 203

3 管理会社が力ずくで追い出した借家人に訴えられたのですが ·················· 208

4 管理会社が倒産したら借家人から預かったままの前家賃や礼金は？ ······· 210

5 入居者探しを２つの業者に並行して頼むことができますか ···················· 213

【サンプル】賃貸物件の賃貸借専任媒介契約の契約書 ································ 215

6 管理を任せた業者が家賃を資金繰りに流用しているようなのですが ······ 218

7 媒介や管理を頼んだ不動産業者を変更することはできますか ·················· 220

8 施工業者のミスで立ち退く借家人の引越し代を業者に請求できますか ··· 222

巻末付録

知っておきたい・裁判所を利用するトラブル解決の流れ ···························· 224

少額訴訟なら大家さん本人でできる ·· 226

【サンプル】少額訴訟の訴状（借家人が敷金返還を求める場合） ·············· 228

【サンプル】大家さんの答弁書（借家人から敷金返還を求められた場合） ··· 230

調停は裁判所での話合い ··· 232

正式裁判は弁護士を頼むのが一般的 ·· 234

あとがき ··· 238

カバー・本文イラスト　山川　直人

第1章

家賃を払ってくれない借家人への対抗法

◎**家賃滞納や増減額請求のトラブル解決手続き**

・借家人が家賃を払わないときの解約は
・家賃不払いで保証人への請求は
・家賃不払いで部屋の鍵を替えられるか
・家賃不払いで敷金から払うと言われたが
・家賃を上げたくても借家人が承諾しないが
・借家人から家賃値下げを求められているが…など14項

借家人が家賃を払わないとき、どうすればいいですか

1 明渡しを求めるのは最後の手段 家賃を払わせる手立てを考えろ

大家さん（賃貸人）にとって一番困る借家人（賃借人）は、家賃（賃料）を約束通り払ってくれない人です。大家さんは、アパートやマンション、借家を貸し、借家人から入る家賃で生計を立てていますから、こんな相手は迷惑この上もありません。もちろん、家賃を払う約束（借家契約＝建物または貸室賃貸借契約という）を守らない借家人は契約違反です。

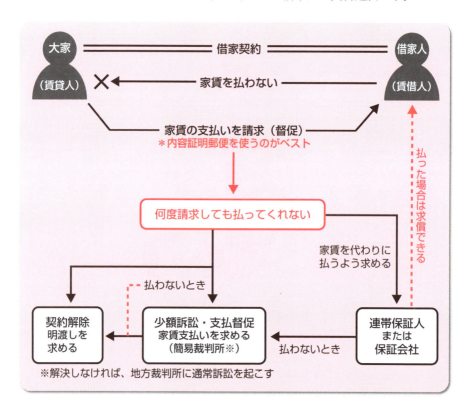

この場合、大家さん（または大家さんから管理を委託された不動産業者）は、家賃を払わない借家人に対し、次の①または②の請求ができます（前頁図参照）。

①未払いの家賃を支払うよう請求する

　（家賃を払えば借家契約を原則継続）

②家賃不払いを理由に借家契約を解除（解約）し、貸家または貸室の退去・明渡しを求める

　（この場合、未払い家賃も請求するのが普通）

【サンプル】家賃支払いを求める内容証明

　　　　　　　　　令和×年６月１０日

○○県△△市××町４丁目５番６号　山田荘
２０１号室

　田　中　一　郎　殿

　　　　○○県△△市××町１丁目２番３号

　　　　　　　山田太郎　㊞

　　　　家　賃　請　求　書

　私は貴殿に対し、下記アパート１室を月額５万６０００円で賃貸しておりますが、貴殿は令和×年４月分から令和×年６月分までの家賃合計金１６万８０００円の支払いを怠っております。

　つきましては、本書到達後７日以内に滞納額全額をお支払いくださいますよう、ご請求申し上げます。

　　　　　　記

１．賃貸物件（省略）

２．家賃　１か月金５万６０００円

３．家賃支払期日

　毎月末日限り、翌月分を支払う

> 内容証明郵便は、１頁に書ける文字数、行数が「郵便規則」で決まっています。なお、差出人の押印は任意です（本章８項サンプル参照）。

> タイトル（題名）は、「通知書」でもかまいませんが、具体的に書くと、相手にインパクトが与えられます。

> 紙面の関係で省略しましたが、実際の内容証明には、物件所在地、建物名、部屋番号などを、正確に書いてください。

チャートで見る 【家賃を払わない借家人への対処法】

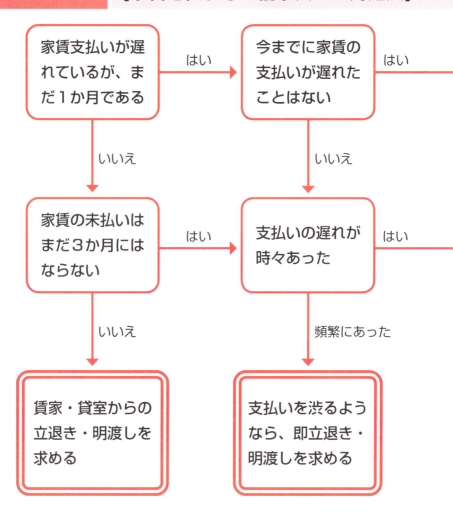

 他の借家人への悪影響も考えられるので、家賃を約束通り払わない場合は、借家契約を解除して部屋の明渡しを求めたいと思います。できますか。

 結論から言うと、いきなり解約して借家人に退去・明渡しを求める**無催告解除**は難しいと思います（契約書に一定の重大な契約違反について無催告解除の条項が入っている場合には、これが認められる場合もある）。また、

立退きを求めるか、家賃支払いを求めるか

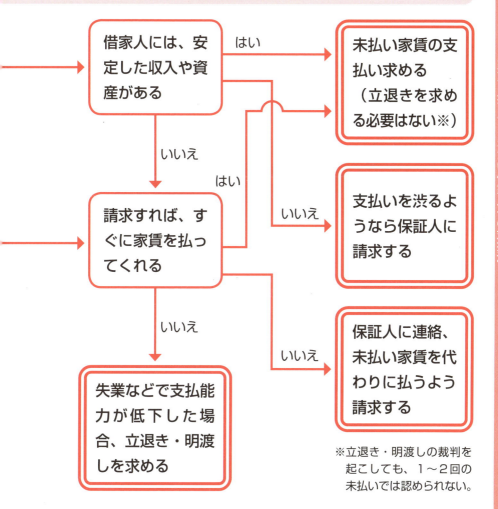

※立退き・明渡しの裁判を起こしても、1〜2回の未払いでは認められない。

経営上も問題です。

　法律上は、まず①家賃の支払いを求め（**1週間程度の猶予期間を設ける**こと。前頁の内容証明参照）、それでも払ってくれない場合に初めて、②契約を解除し、物件からの退去・明渡しの請求が認められます（民法541条）。

　なお、借家人への請求（督促）は、15頁のような**内容証明郵便**ですると後々証拠となります。

いきなり退去・明渡しを求めない方がいい経営上の問題って、何ですか。

仮に、明渡しを請求したら相手がすぐ退去してくれたとしましょう。でも、すぐ次の借家人が見つかるとは限りません。大家さんは家賃収入を得るのが目的ですから、何か月も空き部屋のままでは困ります。

　たとえ支払いが遅れても、請求をすれば払ってくれる借家人なら、無理に追い出す必要はないのです。大家さんの中には借家人に対し、すぐ「出てってもらう！」と高圧的な態度を取る人もいますが、少し支払いが遅れただけで、いきなり退去・明渡しを求めるような大家さんは、経営センスが不足していると言わざるを得ません。借家人に退去や明渡しを求める前に、明渡しの経費や明渡し後の損失まで考慮をすべきでしょう。

何か月も家賃を溜めてたり、いつも支払いが遅れるような借家人でも同じですか。

その判断の目安は、前頁のチャート表でチェックしてください。ただ、半年も１年も家賃を溜めた悪質借家人でも、任意の明渡しを拒否されれば、貸家・貸室から追い出すには正式裁判しかなく、勝てるにしても時間も費用もかかります。未払いの家賃を取れる見込みがあれば、そのまま貸し続ける方が明渡しを求めるより簡単で効率的です。

　未払いが長期間で滞納額が多額になり、全額一度に払うのが無理なら、分割で払わせてもいいでしょう。ようは、家賃収入が確保できればいいのですから。

ココがだいじです！

借家人が家賃を払ってくれない場合、
①借家人に支払能力があるなら、まず未払い家賃の支払いを求めます。
②支払いが無理なら、借家契約を解除し、貸家（貸室）の明渡しを求めます。

1回の家賃不払いで、借家人を追い出せますか

2 裁判所は1か月分の滞納では契約解除を認めない

結論から言うと、たった1回（1か月分）の家賃滞納だけで、いきなり借家契約を解除（**無催告解除**という）し、借家人に貸家・貸室から退去・明渡しさせることは通常できません。

また、借家人を相手取り、契約解除と退去・明渡しを求める裁判を起こしても、まず**認められない**と理解してください。

●家賃滞納と借家契約解除の流れ

借家人が家賃や管理費を滞納する
↓
大家が滞納分の支払いを催告
↓
相当の期間が経過したのに借家人が滞納分を払わない
↓
借家人は大家との信頼関係を壊したとみなされる
↓
大家は借家契約を解除
（借家人に通知し、貸室からの退去・明渡しを求める）

家賃の滞納って、契約違反でしょう。

なのに、解約ができないんですか。

前項でも説明しましたが、大家さんは、借家人が家賃を滞納（履行遅滞という）した場合でも、それだけの理由で、いきなり契約解除（無催告解除という）することはできません。

大家さんとしては、ま

ず①滞納分の家賃を支払うよう借家人に催告（請求すること）し、次に②相当の期間経過後も、借家人が滞納分の家賃を払わない、という場合に、初めて契約を解除できます（前頁図参照）。

といって、ただ「家賃を滞納した」という事実があるだけでは契約を解除できないのです。契約を解除できるのは、借家人が家賃滞納の他、**大家さんとの信頼関係を損なったとみなされる場合に限られます。**

ようするに、たった1回（1か月分）の家賃滞納では、信頼関係を壊したとまではみなさないというのが、通説・判例の考え方です。

つまり、家賃を滞納されても、いきなり「出てってくれ！」とは言えないということですね。

はい。もちろん、借家人が蒸発し、その居場所や行方が長期間わからないというケースで、大家さん側の無催告解除を認め、貸室明渡しの強制執行も認めた判例はあります。

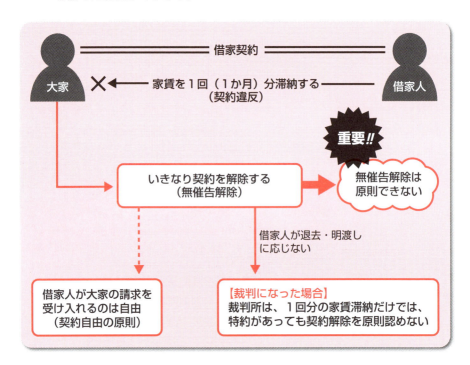

しかし、こういう特殊なケースを除けば、大家さんは滞納者に対し、まず相当の期間を定めて家賃の支払いを求める必要があるでしょう（**履行の催告**という）。

相当の期間って、何日ぐらいですか。

ここでいう相当の期間とは、一般的に１週間程度です（前項「家賃支払いを求める内容証明」のサンプル参照）。民法の契約規定では、大家さん（債権者）が催告をしても、借家人（債務者）が滞納した家賃を払わない（債務を履行しない）場合、大家さんは契約を解除できる（法541条）ことになっています。
　しかし、実務上は、**１回の家賃不払いでは、裁判所は契約解除も明渡しも、まず認めません**。たびたび家賃を滞納するような悪質借家人でも、滞納家賃を払うと、裁判所はその悪質度が低ければ、借家契約を存続させるのが普通です。

それって、家賃の支払いが毎月遅れるような悪質な借家人でも、催促すれば滞納家賃を払ってくれる以上、大家としては、契約を解除できないってことですよね。
　じゃあ、家賃滞納を理由に借家契約の解除や部屋明渡しを求めても、ムダってことですか。

ムダってことはありません。家賃滞納は重大な契約違反ですから、借家人に対し、いきなり「出てってくれ」と、無催告解除を言い出す大家さんも多いと思います。この場合、借家人の中には自分から退去・明渡しをしてくれる人もいるのではないでしょうか（借家人の自由な意思で退去・明渡しをするなら、**契約自由の原則**で有効）。
　家賃滞納を繰り返す借家人に対して、借家契約の解除を申し入れることはムダではないのです。もっとも、請求したら、おとなしく部屋を出てくれたというケースは、あくまで例外だと考えてください。大家さんの対応

21

によっては、契約解除が無効とされる場合も多いのです。

うちでは借家人と交わす契約書に、「1か月でも家賃を滞納したときは、何ら催告を要せず賃貸借契約を解除できる」という特約を入れてるけど、特約があっても、いきなりは追い出せませんか。

どの借家契約書にも同様の文言が入っているのが普通です。しかし、借家人が自主的に退去しない限り、たとえ特約があっても契約解除は難しいと思います。借家契約には民法ではなく借地借家法が適用されるため、借家人に有利な解釈がされるからです。

だったら、何か月ぐらい家賃を滞納したら追い出せるんですか。うちは家賃収入で暮らしてるから、困るんですよ。

お気持ちはわかります。裁判所も、大家さんとの信頼関係を壊すような借家人の契約違反には、契約解除を認めます。ただ、何か月分滞納すれば契約解除が認められるかはケース・バイ・ケースで、はっきり「何か月」と言うことはできません。
　一般的に3か月程度の滞納がないと、契約解除を認められないと思います。もっとも、この場合でも無催告解除は難しく、まず家賃支払いの催告をするべきです。いずれにしろ、借家人が家賃を滞納したら、内容証明郵便など後々証拠となる方法で、忘れずに催告をしてください。

ココがだいじです！

1か月分の家賃滞納では、借家契約を解除し、借家人を追い出すことは難しい。裁判所は3か月分程度の滞納がないと、まず契約解除を認めません。借家人が滞納した場合、毎回内容証明郵便により催告をしておくべきです。

借家人が家賃を払わないとき、保証人に請求できますか

3 連帯保証人なら、滞納の理由に関わらず、代わりに家賃を払うよう催告できる

借家人が家賃を滞納したり、貸室を破損した場合、借家人に支払能力がなければ、大家さんは契約時に預かった敷金を超える損害を回収できません。そのため、借家契約を結ぶ際、借家人には保証人（通常、連帯保証人）を立てさせるのが普通です。

アパートの部屋を貸す場合、必ず保証人を付けてもらうことにしています。借家人が家賃や修理費を払えない場合、保証人に請求できるんですよね。

はい。保証人は、借家人が大家さんに与えた損害を払えない場合、借家人に代わって、その損害を支払う義務を負います。たとえば、借家人が家賃を滞納した場合、大家さんは保証人に、滞納した家賃の請求をすればいいわけです。

保証人を付けてもらうと言いましたが、部屋を借りたい人の中には、保証人を付けられないという人もいます。そんな場合、貸していいのかどうか迷っ

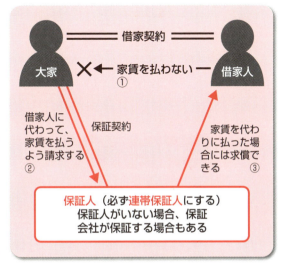

てしまうんです。借家人が家賃を滞納した場合、保証人がいなくても、代わりに払ってもらえる方法はありませんか。

保証人は通常、親兄弟や知人がなります。ただし、借家人の代わりに家賃や修理費を払える収入や資力があり、生じた損害を払ってくれる人なら誰でもかまいません。保証人がいない借家希望者には、保証会社の保証が受けられることを条件に貸したらいいと思います。借家人が家賃を滞納した場合、その保証会社が代わりに払ってくれます。

保証人を付ける際、注意することはありますか。

あります。主なものは、次の3つです。
①保証人は必ず連帯保証人にすること
　連帯保証人には**催告の抗弁権**（注1）も**検索の抗弁権**（注2）もないので（民法454条）、借家人が家賃を滞納すると、大家さんはいきなり連帯保証人に家賃を払うよう請求でき、連帯保証人は支払いを拒めません。
（注1）保証人は、大家さん（債権者）から借家人（債務者）の代わりに滞納家賃を払えと求められた場合、まず借家人に請求しろと拒むことができます。これを、**催告の抗弁権**（法452条）と言いますが、連帯保証人には、この権利がありません。
（注2）滞納家賃を請求された保証人は、借家人には家賃を払えるだけの十分な資力があり、そこから容易に回収できるので、まず借家人の資産から回収（執行）しろと請求を拒めます。**検索の抗弁権**（法453条）と言いますが、連帯保証人は、この権利もありません。
②借家契約書の連帯保証人欄には、必ず保証人本人に自署してもらうこと
　借家契約書の押印も、原則実印がいいと思います。保証人が遠隔地にいる場合は、借家人本人が代わりに署名押印し、それを大家さんが黙認しているケースもありますが、押印が認印だと、後から「保証した覚えはない」と、否定されることもあるからです。
③保証人の支払能力を確認するため、その収入証明を取ること

借家人と揉めたらしく、保証人から「保証人を辞める」と言ってきました。借家期間がまだ半年以上あるのに、困っています。

借家契約書には、「保証人は借家契約の更新後も継続して保証債務を負う」旨の特約が入っているものが少なくありません。特約自体は原則有効ですが、このような**永久保証の特約はトラブルのもと**です。契約の更新ごとに保証人から再度サインをもらう方が無難でしょう（保証人だけが署名する差入書でも可）。なお、民法改正で令和2年4月1日以降の借家契約では、個人の保証人は賠償責任を負う極度額が契約時に決められます（法465条の2）。それ以前の借家契約を更新する場合は、とくに注意が必要です。

ただし、このケースはまだ借家期間内なので、大家さんは保証人からの契約解除の申し出を拒絶できます。契約期間内に家賃滞納があれば保証人に支払いを請求でき、保証人は滞納家賃を払わなければなりません。借家人が家賃を滞納した場合、その事実を保証人に速やかに報告し（令和2年4月1日以降、大家さんは家賃滞納を知ったときから2か月以内に、保証人に対し、その旨通知することが義務づけられた。法458条の3）、借家人本人または保証人が滞納家賃を支払うよう請求すればいいのです。

保証人に明渡しを請求できますか。

保証人は、滞納家賃など大家さんが被った損害を借家人に代わって弁済する義務があります。しかし、貸室・貸家からの退去・明渡しは、原則借家人にしかできません。保証人に明け渡すよう請求することはできません。

ココがだいじです！

保証人は必ず連帯保証人にする。
契約書には、必ず保証人本人に自署してもらい、実印を押してもらうこと。
保証人の収入証明などで、支払能力を確認しておくこと。

家賃を払わない借家人、部屋の鍵を替えて締め出せますか

4 勝手に鍵を替えると訴えられることもある

家賃を何か月も溜め、いくら催促しても払ってもらえないことに痺れを切らした大家さんが、借家人の外出中に貸室の鍵を替え、借家人を締め出したという話は昔からあります。たった1回の滞納で鍵を替えて、部屋に入れないようにすることも珍しくないようです。しかし、いくら家賃を払わ

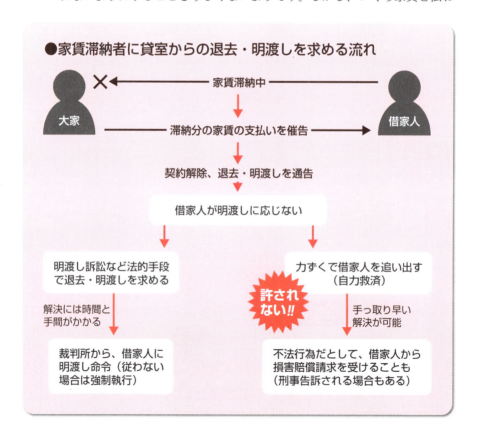

ないからといって裁判など法律に定めた手続きによらず、大家さんが実力行使で借家人を追い出すことは自力救済といって法律上禁止されています。

大家の生活は家賃収入で成り立っていますから、家賃を払ってくれない借家人は一日でも早くアパートから出て行ってもらいたいです。家賃を滞納したまま居座る悪質な借家人を追い出すには、どうすればいいですか。

法律上、家賃を滞納した借家人を貸室から退去させるには、簡単に言えば、「滞納家賃の催告」─→「契約解除の通告」─→「退去に応じないときは明渡し訴訟で勝訴判決（明渡し命令）を取る」─→「強制執行により借家人を部屋から退去させる」、

　という手続きを踏まなければなりません（前頁図参照）。

　たしかに、法律の定める手続きは、解決までに時間も費用もかかります。大家さんの中には、悪いのは家賃を払わない借家人なのに、なんで裁判までやらないと追い出せないんだ、と思う人も多いでしょう。

　しかし、解決を急いで、勝手に部屋の鍵を替えて追い出すなど自力救済をすると、借家人から逆に訴えられるなど、思わぬしっぺ返しが待っているのです。

どういうことですか。

法律上、借家人には、借りた貸家・貸室を占有し、それを使用収益する権利があります。

　もし、その占有を大家さんなど第三者から妨害されたり、奪われたりしたら（侵奪という）、占有者である借

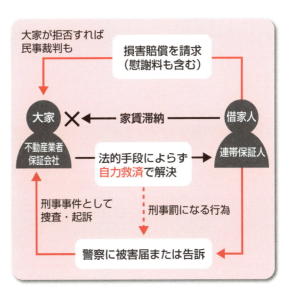

家人は、妨害を排除したり、あるいは占有を回復し、かつ損害賠償を請求できるのです（この権利を**占有訴権**という。民法197条〜202条）。

もう少し、具体的に教えてくれませんか。借家人の思わぬ「しっぺ返し」とは、どういうことですか。

大家さんの不当な実力行使（自力救済）により部屋を追い出された借家人は、理論的には、大家さんに部屋の鍵を開けさせて、その部屋を再び使用させるよう請求できます。

請求されたら、部屋を今までのように貸さないといけないんですか。家賃をずっと滞納し続けていた借家人ですよ。

あくまで理論上の話です。第一、大家さん側が再度借家人に部屋を使わせることに同意するはずがないでしょう。ですから、実際には、借家人側の請求も、慰謝料など損害賠償を求めるケースが一般的です。

　それに、家賃滞納中の借家人が大家さんを相手に裁判を起こし、占有回復や妨害排除を求めても、裁判所が借家人側のその請求を認める可能性は低いと思われます（損害賠償は認める可能性ある）。このことも、大家さんの自力救済がまかり通る一因ではないかと、考えます。

大家や不動産業者が借家人の部屋に勝手に入り、鍵を替えて借家人を部屋に入れなくすると、警察沙汰になることもあると、聞いたんですが。

禁止された自力救済行為	刑法では	民事では
部屋の鍵を無断で替える（借家人を部屋から締め出す）	住居不法侵入罪の可能性あり	●占有の妨害または侵奪に当たる ●借家人は、占有訴権による訴えより、損害賠償請求が現実的
部屋から借家人に無断で、その家財を出す（処分の有無に関わらない）	住居不法侵入罪　窃盗罪	
家賃を強引に取り立てる	脅迫罪、恐喝罪、強要罪など	

28

本当ですか。

本当です。いくら大家さんでも、借家人に無断でその部屋に入れば住居不法侵入罪（刑法130条）に問われる可能性がないとは言えません。また、借家人の部屋の家財を壊したり、勝手に処分すれば、器物損壊罪（同261条）や窃盗罪（同235条）に該当する場合もあります。

この場合には、大家さんは借家人から損害賠償を請求されるだけでなく、警察に被害届を出されたり、告訴される可能性もあるわけです。その行為が悪質で、処罰に値するとみなされれば、刑事事件として立件されます。有罪になれば犯罪者です。

安易な自力救済は、絶対にしないことです。

不動産業者や保証会社が大家に相談もなく勝手にやった場合も、大家は責任を問われますか。

すべての場合ではありませんが、大家さんが責任を問われる可能性はあると思います。たとえば、自力救済を唆したり、継続的に行われているのを知りながら止めなかった場合です。悪質で強引な手口の場合は、刑事事件の共犯として訴追されることもありえます。

管理を委託した不動産業者や保証会社が勝手に借家人の部屋の鍵を替えたことを知った場合には、以後、自力救済をしないよう止めてください。

一見トクしたように見えますが、そのツケは必ず自分に回ってきます。

ココがだいじです！

借家人を追い出すには、示談や調停、判決など法律上の手続きで。自力救済は禁止。自力救済をすると、借家人から損害賠償を求められたり、住居不法侵入や窃盗で刑事告訴されることもある。

借家人が居留守を使うので、合鍵で部屋に入れませんか

5 必要なら保証人に連絡し その立会いの下に部屋に入れる

アパートの家賃を滞納している借家人が、催促に来た大家さんに対し居留守を使うことは珍しくないでしょう。しかし、たとえ居留守とわかっていても、大家さんや物件の管理を委託されている不動産業者が、合鍵を使って勝手に貸家・貸室に入り、借家人に滞納分の支払いを迫ることは、法律上、許されません。

大家さん側のこのような行為は、借家人本人が室内にいてもいなくても、前項同様、**自力救済**になります。

私が経営するアパートでは、借家人の1人が家賃を滞納したまま、この1か月まったく連絡が取れません。居留守なのか、逃げたのかはわかりませんが、借家契約の契約書には、「借家人は1か月を超えて留守にする場合、大家へその旨通知しなければならない。通知なきときには、大家は借家人の承諾を得ずに合鍵で貸室に入室できる」という特約を入れてあります。

この特約があっても、入室はダメですか。

この特約の有効性は、ケース・バイ・ケースだと思います。しかし、特約があるからといって、大家さんにフリーハンドの解錠・入室権限が与えられているわけではありません。法律上、この特約により大家さんの解錠・入室が認められる場合は限定的です。いずれにしろ、特約により入室する場合には、大家さんや不動産業者だけで入ることは避けた方がいいでしょう。

借家人と連絡が取れないため、特約に従って貸室に入る場合は、どうすればいいですか。

※大家（事務管理者）は、善管注意義務をもって事務をやり遂げる義務があり（義務違反があると損害賠償責任を負うが、緊急時の損害は免責も）、借家人はかかった費用の支払義務がある。

　その場合には、保証人がいれば保証人に、また保証人がいない場合は借家人の緊急連絡先（契約時に、勤め先や親兄弟など、いざという場合の連絡先を書かせるのが一般的）の人に立ち会ってもらうことです。
　特約が有効だとしても、合鍵を使って立会人なしで入室すると、後で借家人から「家財が壊された」とか、「部屋にあったものが盗まれた」などと、訴えを起こされることもあります。
　なお、保証人も緊急連絡先もないという場合は、借家人が長期間不明だという理由で、警察官に立ち会ってもらって入室するのも1つの方法です。

　特約がなくても、無断で貸室に入れるときってないんですか。

あります。前頁の図の大家さんのように、雨で濡れそうな借家人の干し物を部屋の中に取り込んだり、焦げ臭い臭いに気づいて入室し空焚きのコンロを止めたりしたような場合です。このように、好意で他人のために行う行為を「**事務管理**」といいます（民法697条～702条）が、その人の身体、生命、財産に危難が差し迫った緊急時であれば、相手（借家人）の承諾がなくても大家さんは貸家・貸室に入れます。

その際、入室した大家さんが、たまたま借家人の家財を壊してしまったという場合、悪意や重大な過失がなければ、大家さんは滞納家賃の取立てで無断入室した場合と異なり、損害賠償責任を負いません（法698条）。

あなたのように借家人と長い間、連絡が付かない場合には、この事務管理という手法が使えそうですが、いずれにしろ保証人や緊急連絡先、あるいは警察に連絡した上で、解錠・入室する方が無難です。

【参考】
民法697条（抜粋）①義務なく他人のために事務の管理を始めた者（管理者）は、その事務の性質に従い、最も本人の利益に適合する方法によって、その事務の管理をしなければならない。
民法698条 管理者は、本人の身体、名誉又は財産に対する急迫の危害を免れさせるために事務管理をしたときは、悪意又は重大な過失があるのでなければ、これによって生じた損害を賠償する責任を負わない。
民法702条（抜粋）①管理者は、本人のために有益な費用を支出したときは、本人に対し、その償還を請求することができる。

**ココがだいじです！**

たとえ居留守とわかっていても合鍵で勝手に入るのは問題。必要なら、保証人に連絡し、その立会いの下で部屋を開けること。立会いなしに開けると、借家人から損害賠償を請求されたり、刑事告訴される怖れがある。

借家人が家賃を払うまで取立てを続けてもいいですか

6 職場にも押しかけるような悪質な取立ては許されない

どんな理由があっても、家賃を払わない借家人側に非があるのは言うまでもありません。大家さんが滞納分の家賃を払うよう借家人に催促することは、何ら問題はないのです。その際、たびたび滞納するような借家人相手だと、つい声を荒げることもあるかもしれません。いきなり「出てってくれ！」と言うこともあるでしょう。無理からぬことです。

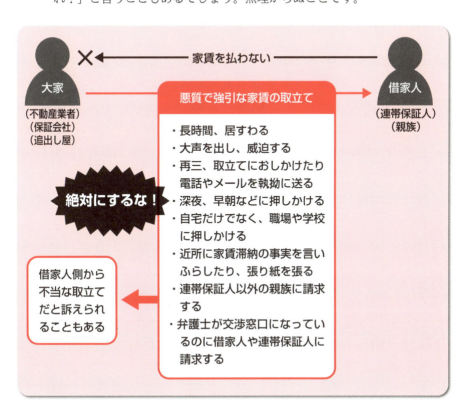

こういう悪質な借家人には、少しくらい強引な取立てをしなければ、家賃を払ってくれません。暴力を振るえば問題でしょうが、多少大声を出すくらいは許してもらいたいですよ。

お気持ちはわかりますが、借家人に大声で家賃の支払いを求めたり、相手をなじったりするような発言はNGです。

　相手が家賃を滞納しているとしても、滞納家賃回収のためなら大家さんは何をしてもいいというわけではありません。たとえば、勝手に滞納した借家人の貸室の鍵を取り替えたり、合鍵でその貸室に無断侵入できないことは、前項でも説明しました。

　同じように、大声で家賃支払いを迫るなど、前頁の図のような**悪質で強引な家賃取立ても許されない**と、考えます。

大声を出したらいけないという法律があるんですか。

いえ。今のところ、大家さんや不動産業者による**家賃取立てを直接規制する法律はなく、**例示した行為が即法律違反となるわけでもありません。しかし、度を越した取立て行為は権利の乱用や不法行為に当たるとして、借家人から逆に、慰謝料など損害賠償を請求されたり、被害届や告訴状を出されることもある、ということを忘れないでください。

実際に借家人から訴えられたケースがあるんですか。

はい、あります。たとえば、滞納者への悪質な取立てを不法行為と認めて、家賃保証会社に慰謝料支払いを命じた判例（福岡地裁・平成21年12月3日判決）があります。その他、入居者を着の身着のまま強制退去させ、家財を廃棄した管理会社に対し、「脅迫行為がなくても、法律手続きを取らずに即時退去を迫るのは社会的相当性を欠き、違法」だとして、220万円の支払いを命じた判例も出ました（東京地裁・平成24年3月9日判決）。

不動産業者や保証会社が勝手にやったことなら、たとえ違法な取立てでも、大家の私には責任はないですよね。

たしかに、不動産業者や保証会社が違法な取立てをしても、大家さんが法律上、自動的に責任を負うことはありません。そもそも、前に説明したように家賃の取立てに的をしぼった法律がないのです。

　以前、悪質な取立てを禁じ、違反者に懲役刑も科す「賃借人の居住の安定を確保するための家賃債務保証業の業務の適正化及び家賃等の取立て行為の規制等に関する法律」案が作られましたが、平成23年臨時国会で、審査未了で廃案になりました。

　このような悪質な家賃取立てを直接規制する法律がないため、たとえ違法な取立てがあっても、大家さんは「管理を委託している不動産業者が勝手にしたことだ」と主張すれば、その業者がトラブルの常習であることを承知で頼んだような場合を除き、大家さんは被害を被った借家人に訴えられても、その損害を賠償する責任を免れる可能性が高いと思います。

なるほど。取立てもすべて業者に任せて、トラブルが起きたときは、「業者が勝手にやったことで、私は知らなかった」と言えばいいんですね。

確かに、責任は免れるかもしれません。しかし、SNSが普及した今日、一度でも悪質な家賃取立てをした噂が立つと、その内容がSNS上で拡散されることも起こり得るのです。悪どい大家という噂が拡がると、良質な借家人には、入居を遠慮されるでしょう。強引な家賃取立てをするような業者に管理を任せると、結局は大家さん自身のためになりません。

ココがだいじです！

大家さんによる滞納家賃の取立てを直接規制する法律はない。
長時間の居座り、声高な威迫による取立てなど法律や常識を逸脱した取立て行為を続けると、借家人から訴えを起こされる可能性もある。

収入があるのに家賃を払わないときはどうすればいいですか

7 少額訴訟や支払督促を使って借家人の資産を差し押さえる

失業中とか、病気で仕事ができないのならまだしも、収入があるのに家賃を払わないのは悪質です。支払能力があるのに催告しても家賃を払わない借家人には、**少額訴訟**や**支払督促**（支払命令ともいう）という法手続きが有効です。少額訴訟は60万円以下の請求しかできませんが、即日判決が出ますし、支払命令は申立てをするだけで法廷に出る必要がありません（下図参照）。

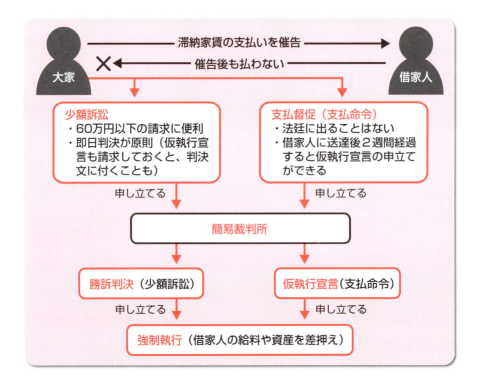

【サンプル】少額訴訟の訴状

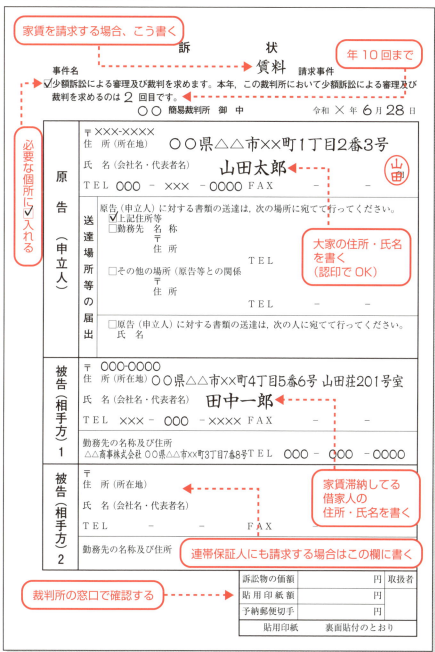

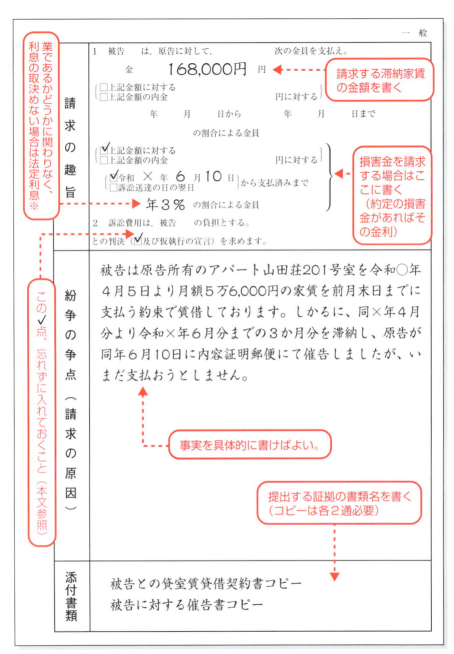

※法定利息は、民法改正により、2020年（令和2年）4月1日から年3％となり、3年ごとに変動します。ただし、現在も年3％と変動はありません（令和8年3月31日まで）。

どちらも簡易裁判所に申し立てますが、手続きも簡単で、費用も正式裁判に比べ安く上がります。たとえば少額訴訟の場合、例示した山田荘の大家さんの申立手数料は、わずか2,000円です（他に郵便費用がかかる）。

少額訴訟って、そんなに簡単できるんですか。訴状も書くんでしょう。

たしかに、正式裁判の訴状と違い、訴状は必要ですが、素人でも書けます。各簡易裁判所には左頁のサンプルのような訴状が備え付けられていますから、その用紙と書き方見本をもらい（ホームページからダウンロードできる裁判所もある）、必要な事項を記入し、証拠の契約書や催告書のコピーなど必要書類とともに、申込手数料と郵便費用と一緒に、管轄裁判所の窓口に出せば申立ての手続きはお終いです（審理も原則1回）。

判決が出ても、家賃を払ってくれないときはどうなりますか。

少額訴訟の勝訴判決や支払督促が確定し、それでも借家人が滞納家賃を払わなければ、大家さんは借家人の資産に強制執行ができます。具体的には、借家人の預貯金や給料を差し押さえたり、あるいは車や家財を競売にかけて現金化し、滞納家賃を回収するのです。借家人がサラリーマンの場合、裁判所から会社や職場に執行命令が届きますから、取りっぱぐれはないでしょう（差押えできるのは給料の4分の1。民事執行法152条）。勤め人の借家人は、強制執行の申立てをすると慌てて滞納家賃を払う人が多いようです。

ココがだいじです！

家賃を払わせるには、費用も手間もかからない少額訴訟手続きが便利。明渡しを求めることはできないが、借家人の資産に強制執行できるので、相手が勤め人なら給料を差し押さえるといい。

いつも滞納する借家人を部屋から追い出せませんか？

8 明渡しを拒否されたら正式裁判で勝つしかない

 契約通り家賃を払ってくれない借家人から、滞納分を取り戻す比較的簡便な法手続きとして、前項で**少額訴訟**（民事訴訟法368条以下）と**支払督促**（同382条以下）を紹介しました。しかし、毎月のように家賃の入金が遅れたり、何か月分も滞納する借家人には、滞納分の家賃を支払ってもらいたいだけでなく、貸家・貸室から出て行ってほしい。それが、大家さんの本音でしょう。

先に、滞納分の家賃が回収できれば退去・明渡しまで求める必要はないと申しましたが（1項参照）、滞納が常態化しているような借家人は、次の入居者がすぐ見つかる物件の場合は退去・明渡しを求めるのが妥当と思います。

借家人に内容証明郵便で**借家契約を解除する旨を通知**し、その文言の中に、貸家・貸室からの退去・明渡しと滞納分の家賃全額を支払うよう書いておくのが普通です（次頁サンプル参照）。

 借家人が貸室からの退去・明渡しを拒否したら、どうすればいいですか。

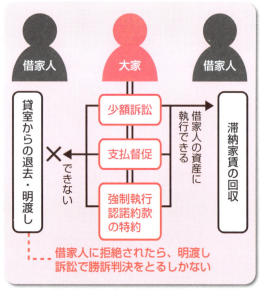

40

【サンプル】家賃滞納による契約解除の内容証明

　　　　　　　　　　　　　　　令和×年６月１８日

○○県△△市××町４丁目５番６号　山田荘２０１号室

田中一郎殿

　　　　　　　　○○県△△市××町１丁目２番３号

　　　　　　　　　　　山田太郎　㊞

　　　　　通　　知　　書

　私は貴殿に対し、下記アパート１室を賃貸しております

が、貴殿は令和×年４月分から令和×年６月分まで３か月

分の家賃の支払いを怠っております。

　私は令和×年６月１０日付内容証明郵便により、滞納家

賃全額を同内容証明郵便到達後７日間以内にお支払いくだ

さるようご請求いたしましたが、同期間内に貴殿からのお

支払いがございません。

　よって、上記貸室賃貸借契約を本日付で解除いたします

。

　つきましては、本書面到達後ただちに貸室を原状に復し

て明け渡し、かつ明渡し時までの延滞家賃全額をお支払い

くださいますよう、ここにご請求申し上げます。

　　　　　記

　１．賃貸物件（省略）

　２．家賃１か月金５万６０００円

　３．家賃支払期日

　毎月末日限り、翌月分を支払う。

内容証明郵便は、
横書きの場合
① １行20字以内、
　１枚26行以内
② １行26字以内、
　１枚20行以内
③ １行13字以内、
　１枚40行以内
縦書きの場合
　１行20字以内、
　１枚26行以内
　このいずれかの
字詰めで書く（市
販の用紙を使うと
便利）。

数字は全角、句
読点やかっこも
１文字です。

複数枚の場合、割
印を押す。
差出人の署名の後
に押印するかどう
かは任意ですが、
文書を訂正した場
合の訂正印や、こ
の割印は郵便規則
で義務づけられて
います。

文末に、郵便認証司による認証文言、確定日付
（差出日）、認証司の印章が押される。

1章　家賃を払ってくれない借家人への対抗法

正式裁判で、裁判所から借家人に明渡し命令を出してもらうしか方法がありません。無理矢理追い出すことは禁止です。

裁判って、少額訴訟でもかまいませんか。

残念ですが、少額訴訟は使えません。少額訴訟や支払督促は、滞納家賃など金銭債権の請求だけで、退去・明渡しを求める場合には利用できないのです（本項図）。借家人が明渡しを拒否したら、大家さんは家賃滞納を理由に借家契約を解除、借家人に退去・明渡しを求める正式裁判を起こし、勝訴判決を取った上で、その確定判決を債務名義として強制執行を申し立てて退去させるしか方法がありません。

うちでは、借家契約を公正証書で作り、強制執行認諾約款の特約を付けています。その場合も、ダメですか。

はい。明渡しを求めるには、正式な裁判を起こすしかありません。この**強制執行認諾約款**とは、公正証書にした契約内容を守らない場合、いきなり強制執行を受けてもかまわないという特約で、契約条項の末尾に「本契約による金銭債務を履行しないときは、ただちに強制執行されても異議がない」などと書かれているのが一般的です。この特約があると、いちいち催告をしなくても家賃を滞納した借家人の資産の差押えができます。

ただし、この約款で強制執行できるのは家賃など金銭債権の支払いを求めるものだけで、たとえ「無条件で明渡しに応じる」との文言があっても、貸家・貸室からの退去・明渡しを求める場合には使えません。

ココがだいじです！

たびたび家賃を滞納したり、何か月も家賃を溜める借家人には、契約を解除し、貸家・貸室からの退去・明渡しを求めること。
退去・明渡しを拒否されたら正式裁判を起こすしか方法がない。

借家人が滞納分は敷金から取ってくれと言いますが

9 敷金から滞納分を取ったらその補充を借家人に請求できる

敷金は、借家人が契約期間中に家賃を滞納したり、また貸家・貸室の造作を破損した場合に備え、その損失（発生した債務）を担保する金銭です。敷金で弁済する貸室の破損とは、借家人側の故意・過失により、壁を壊したり、柱を傷つけたり、襖を破いたりすることで、時間の経過や通常の使用による襖や畳のくすみや色褪せなど、**自然損耗**は含まれません。

敷金の金額は地域や物件により異なりますが、首都圏では概ね月額家賃の2か月程度です。大家さんは契約終了の際、敷金から被った損失分や償却特約の金額を差し引いて、残りを借家人に返還しなければなりません。

しかし、**敷金は大家さんの損失を担保するもの**ですから、借家契約終了までは借家人には何の権利もなく、当然、「滞納分の家賃は敷金から取ってくれ」などと言うことはできないのです。2020年（令和2年）4月1日に施行された改正民法では**敷金**の項目が新設され、大家さんには残額の敷金を返還する義務があること、また借家人には「敷金を家賃に充当してくれ」と請求することができない旨が、明文化されました（法622条の2）。

借家人の1人から、「今月、どうしても家賃が工面できない。敷金から取ってもらえないか」と頼まれた。家賃を待ってやることはできないが、こういう場合、敷金から今月の家賃を取ることはかまわないか。

敷金は、大家さんの損失を担保するものですから、大家さんが敷金の中から滞納分の家賃を差し引くのに何の問題もありません。また、借家人の事情をくんで、敷金で家賃を払ったことにするのは大家の自由です。ただし、悪質な借家人だと、わざと敷金で滞納家賃を払う人もいます。家賃滞納を

理由に借家契約を解除するには、一定の滞納期間（少なくとも３か月程度）が必要だからです。

　また一般的に、契約終了後、大家さんが敷金全額を借家人に返すのは稀なため、普通の借家人でも近々引越しの予定があると、敷金の分だけ家賃を滞納し、実質的に敷金全額の返還を受けたのと同じ効果を得ようとします。こんなことがまかり通ると、敷金の担保目的は機能しません。契約終了時、それ以外の損害があっても敷金でカバーできず、大家さんは別途借家人に請求するしかないのです。退去した借家人が素直に払うとは思えず、その損害回収には、最終的に民事裁判を起こすしかありません。

　借家人に同情するのは自由ですが、たびたび滞納するような借家人の場合は、はっきり「滞納家賃を敷金から取ることはできない」と拒絶し、家賃の支払いを請求すべきです。

敷金から、やむを得ず滞納家賃を取った場合は、減額分を積み増すよう借家人に請求できますか。

できます（右図参照）。敷金から滞納家賃を取ったため、敷金が減った場合、その減額分を補充するよう借家人に請求できますし、一方の借家人には補充の義務があるのです。

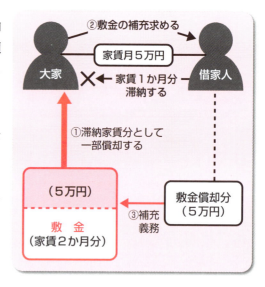

ココがだいじです！

敷金は契約期間中の貸室の損失を担保するものなので、「家賃は敷金から取ってくれ」という借家人の要求を受ける必要はない。
敷金から滞納家賃を取ったら、ただちに不足分の補充を請求すること。

長期間家賃を滞納する借家人には退去を求めるしかないですか

10 今後、家賃を払えるなら滞納分は分割払いでもいい

家賃を長期間滞納する借家人に契約の解除を通告すると、「追い出すのだけは勘弁してくれ」と泣きつかれることがあります。このとき、滞納分も払ってくれる人なら契約を続けてもいいでしょう。しかし、半年間滞納すれば中々一度に払える金額ではありません。分割払いなど借家人が払える方法も検討すべきです。

滞納分には利息も取れますか。

取れます。借家契約に損害金条項があれば契約金利で、なければ民法で定める法

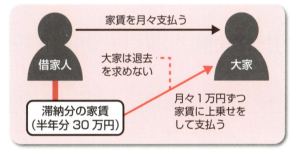

定金利（現行利率は年3％）を請求したらいいでしょう（2020年4月1日から施行された改正民法で法定金利は変動金利となり、3年ごとに金利を見直すことになった。法404条。商事法定利息の規定は廃止された）。

ココがだいじです！

長期滞納者でも今後は滞納せず、過去の滞納分も払ってくれるなら、契約を解除して貸室から退去させるより、契約を継続した方がいいことも。滞納分の一括返済は無理でも、分割返済の意思があれば考えるべき。

家賃を上げたいが借家人が承諾しないときはどうすればいいですか

11 家賃の受取りを拒否し交渉決裂なら裁判所で調停を

一般的に、契約期間中の家賃は一定で、変わらないのが普通です（スライド家賃の契約は可能）。契約書に「契約期間中は、家賃の値上げをしない」との特約がなければ、契約期間中でも家賃の値上げはできますが、通常は契約更新ごと（2年ないし3年の契約期間が多い）に値上げするのが普通です。

家賃の値上げは、どう伝えたらいいですか。

借家人に「家賃を×月分から〇万円に増額したい」と、必ず通知してください。この通知は文書で伝えておくと、「伝えた」「聞いてない」というトラブルは防げます。

　この意思表示で、家賃は将来に向かって、相当額が増額されることになります。もっとも、借家人が値上げに同意しない場合もあり、その場合は一方的な値上げはできません。

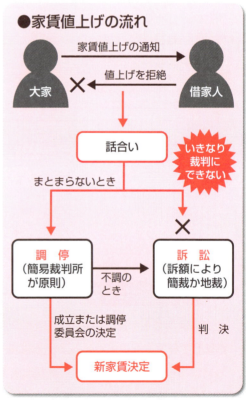

●家賃値上げの流れ

借家人が応じないときは、どうしたらいいですか。

借家人と話し合っても、どうしてもまとまらない場合、大家さんの解決手段としては、次の３つです。

> ①家賃の値上げを今回は諦める
> ②家賃の受取りを拒否し、貸家・貸室からの退去・明渡しを求める
> ③家賃の増額を求め、裁判所に調停を申し立てる

　どうしても家賃を値上げしたいという場合、当事者（大家さんと借家人）同士の話合いでダメなら、簡易裁判所（または地方裁判所）に**家賃値上げを求める調停**を起こしてください（**借賃増額請求事件**という）。
　調停は、裁判所で調停委員を交えて行う話合いです。裁判と比べ、費用も安く手間もかかりません。また、本人だけでできるため、借家人が値上げに反対し、当事者間の話合いがまとまらない場合、利用しやすい方法です。

借家人は値上げに反対していますし、いくら話し合ってもまとまりません。調停より、裁判を起こした方が解決は早くないですか。

家賃値上げの争いは、いきなり裁判にはできません。法律で、まず調停から始めることになっているからです（**調停前置主義**。民事調停法24条の２）。調停が不成立に終わった場合、初めて裁判が起こせます（前頁図解参照）。

家賃の受取りを拒否すれば、本当に借家人を追い出せるんですか。

追い出せるのは、値上げに応じない借家人が、大家さんから「新しい家賃でなければ受け取れない」と、家賃の受取りを拒否されたことをいいことに、従来の家賃（旧家賃）も払わなくなった場合です。
　たとえば、家賃の支払方法が大家さんの自宅に直接持参する取決め（**持

チャートで見る 【家賃値上げはどんなときできるか】
値上げできるとき、できないとき

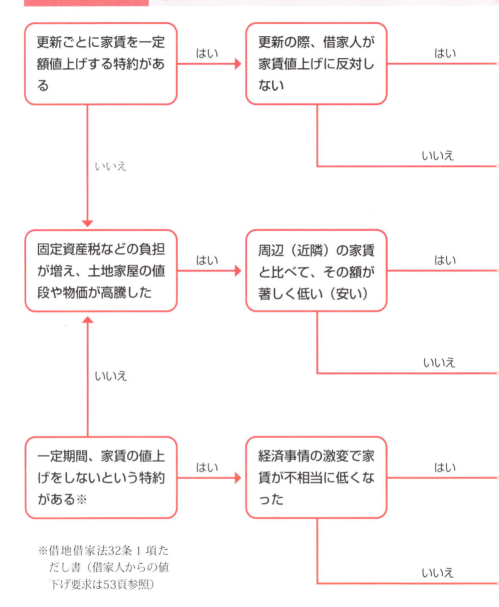

※借地借家法32条1項ただし書（借家人からの値下げ要求は53頁参照）

→ 家賃値上げが
　できる

→ 特約が無効になる
　場合もある

→ 家賃値上げが
　できる

→ 家賃値上げは
　難しい

→ 家賃値上げができ
　る可能性少ない

→ その期間は値上げ
　できない（原則）

参債務という）の場合、大家さんが「新家賃でなければ受け取れない」「値上げが嫌なら出てってくれ」などと、借家人が持参した家賃の受取りを拒否すると、その後の押し問答が面倒で支払いを止めてしまう借家人もいます。

この場合には、理由はどうであれ、家賃滞納が起きたのは事実ですから、大家さんは借家人に対し、貸家・貸室からの退去・明渡しを請求できるのです。

借家人が値上げに応じないからといって、大家が旧家賃の受取りを拒否しても、かまわないんですか。

はい。大家さんが旧家賃の受取りを拒否し、借家人に退去・明渡しを求めることは違法ではありません。家賃の受取りを拒否した大家さんの強い態度に、借家人が歩み寄ることもあります。ただし、借家人が旧家賃を供託すると、明渡し請求はできません（供託については次項参照）。

値上げが認められるのは、どんなときですか。

借家人が大家さんからの値上げ要求を受け入れさえすれば、いつでも値上げは認められます。ただし、法律上、家賃の値上げが認められるのは、次の場合です（借地借家法32条1項）。

①固定資産税や都市計画税など、土地建物に対する税金（公租公課）の負担が増えたとき
②土地建物の価格や物価などが高騰したとき
③近隣の同様の物件の家賃と比べ、家賃が不相当に低くなったとき
④家賃値上げをしないという特約がないとき。

　借家人との話合いがつかず、調停や裁判に持ち込まれた場合、調停委員会や裁判所は、この他、当該借家契約の従前の経緯などを総合的に判断して、値上げの是非や値上げ幅を決めることになります（前頁チャート参照）。

借家人も家賃値上げには同意していますが、その値上げ幅については話合いがまとまりません。こういう場合、新家賃が決まるまで、大家はいくら家賃をもらえばいいですか。

法律上は、借家人が相当と思う金額を払えばいいことになっています（同条2項）。大家さんに決定権はありません。ただし、借家人側が家賃減額請求をしていなければ、少なくとも従来の家賃はもらえるはずです。
　もちろん、家賃を滞納した場合は、新家賃を請求すればいいと思います。

新家賃が決まったら、その差額はもらえますか。

もらえます。大家さんが新家賃と値上げを申し入れた時から借家人が払った家賃との差額分に、年1割の利息を付けた金額を合わせて借家人に請求することができます。なお、借家人がその支払いを拒否すると、家賃滞納です。

ココがだいじです!

家賃値上げは、借家人が受け入れれば、いつでもできる。
借家人が値上げに応じない場合、旧家賃の受取りを拒否し、貸家・貸室からの退去・明渡しを求めるのも、1つの手段。

値上げを求めたら家賃を供託されたがどうしたらいいでしょうか

12 供託金を引き出しても値上げを諦める必要はない

不動産価格や固定資産税が上昇傾向にあり、近隣の賃貸住宅と比べて家賃が低くなっているような場合、大家さんは借家契約の更新時に、家賃値上げを申し入れるのが普通でしょう。しかし、裁判になれば値上げが認められるケースでも、借家人が必ず家賃値上げを承知してくれるとは限りません。

この場合、借家人が値上げに応じず旧家賃を持ってきたら、「新家賃でなければ受け取らない」と、その受取りを拒絶すればいいのです。受取りを拒絶された借家人が家賃を払うことを止めれば、大家さんは家賃滞納を理由に契約を解除し、借家人に退去・明渡しを求められます。ただし、ご質問のように借家人が**旧家賃を法務局に供託**すれば、家賃滞納にはなりません。

供託って、何ですか。

大家さん（債権者）が家賃（目的物）の受取りを拒絶した場合、借家人（債務者）が家賃滞納（債務不履行）にならないよう、その家賃を供託所に預けることを**供託**といいます。供託をすると、家賃を払ったとみなされ、家賃滞納にはなりません（民法494条）。

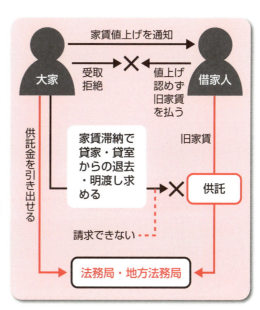

供託は、どこでするんですか。また、借家人が供託したかどうか、どうすればわかりますか。

法務局、地方法務局、その支局と出張所でできます（登記所という）。なお、借家人が家賃を供託すると、供託所から大家さんに供託通知書が届きます。

借家人が供託した供託金を受け取りたいのですが、受け取ると、今回の値上げは諦めたということになるのでしょうか。

大家さんは、いつでも供託された家賃を引き出せますが（還付または払渡しという）、黙って引き出すと、調停や裁判で借家人の主張を認めた（値上げしない）と判断される可能性が大です。供託金を引き出す場合、借家人に内容証明郵便で、「供託金は賃料の一部として受領する」と通知し、供託所に出す払渡請求書にもその旨を明記して、供託金を引き出せば問題ありません。

値上げ話をしたら、家賃受取りを断ってもないのに供託されたのですが。

大家さんが旧家賃の受取りを拒絶するか、新家賃でないと受け取らないと表明をしている場合に限り、供託は有効です。つまり、この供託では借家人は家賃を払ったことにならず、家賃滞納により契約解除することも可能です。

> **ココがだいじです！**
> 家賃値上げをめぐって借家人が供託した家賃は、引き出しても値上げを諦めたことにはならない。
> 家賃を供託されると、家賃滞納で退去・明渡しを求められない。

借家人から値下げを求められて困っているのですが

13 「イヤなら出てけ!」これは最悪の手です

家賃は借家契約で決められていますが、期間経過につれ、経済事情が変化し、その金額が近隣の賃貸物件の賃貸と比べて、不相当になることも少なくありません。このような場合、大家さんも借家人も**互いに家賃の増減額を請求できる**ことになっています（借地借家法32条1項）。

大家さんの中には、借家人が家賃値下げを求めると、「値下げなど絶対認めん！」「不満なら出て行け！」と、感情的になる人がいますが、こんな対応は感心しません。なお、値下げについて話合いでまとまらない場合、値上げと同様、裁判所に調停を申し立てます（下図参照。値上げは次頁図参

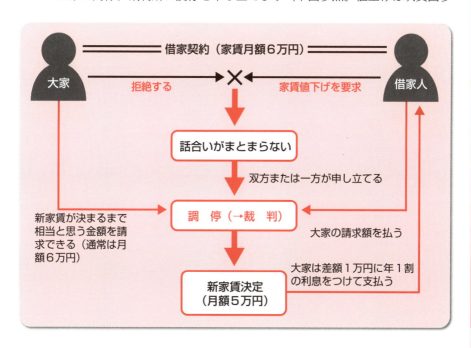

照)。

どんなとき、裁判所は家賃値下げを認めますか。

大家さんが値下げ要求を受け入れる場合、いつでも、どんな減額幅でも有効です。ただし、大家さんが要求を拒絶した場合、法律上、家賃値下げが認められるには、次のいずれかの要件を満たさなければなりません。大家さんによる値上げ要求の場合の正反対です（11項参照）。

①固定資産税や都市計画税など、土地建物にかけられる税金（公租公課）が下がり、大家さんの税負担が減ったとき
②土地建物の価格や物価が急落したとき
③近隣の同様の物件と比べ、家賃が不相当に高くなったとき

なお、値上げの場合は、「一定期間家賃値上げをしない」という特約があると他の要件を満たしても値上げはできません（法32条1項ただし書き）が、値下げの場合には、「一定期間家賃値下げを求めない」という特約が

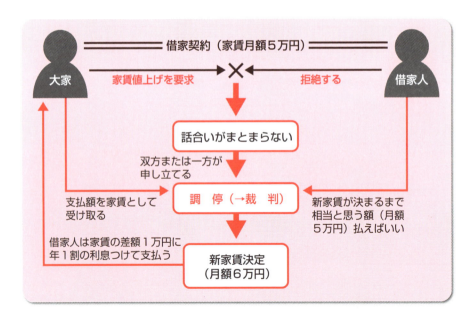

あっても、①〜③の要件を満たせば、裁判所は値下げを認めます。

借家人が調停を申し立てたとき、結果が出るまで家賃はもらえないですか。

もらえます。値下げについての話合いがまとまらない場合、調停あるいは裁判で新家賃が確定するまで、大家さんは借家人に対し**相当と認める金額**（通常は従来通りの額）**を家賃として支払うよう請求できる**のです（法32条3項）。たとえば、月額6万円の家賃を2割値下げして4万8,000円にするよう借家人に求められ、その争いが裁判所に持ち込まれた場合、大家さんは、「新家賃が確定するまで今まで通り6万円の家賃を払え」と、借家人に請求できます。借家人が支払いを拒めば、家賃滞納です。

新家賃がもらっていた家賃より低かった場合、差額はどうするのですか。

上の例で、新家賃が月額5万円に決まったとします。その場合、大家さんは受取済みの旧家賃との差額1万円に年1割の割合による利息を付けて、借家人に返還しなければなりません（同項ただし書き）。

借家人は、うちのアパートの家賃が請求時点より1年以上前から周辺に比べ、高かった。1年分、遡って差額を返せと言うのですが。

家賃の減額請求は、将来に向かってのみ可能です。過去に遡って、減額請求することはできません（**値上げ請求も同じ**）。

ココがだいじです！

経済事情の変化で、家賃が近隣と比較し不相当に高くなれば借家人から値下げ要求されることもある。話合いがダメなら調停で新家賃の金額を決めればいいが、それまでは旧家賃を払うよう借家人に要求できる。

払い遅れの家賃があるので、利息を取りたいのですが

14 損害金条項がなくても遅延損害金を取れる

借家人が家賃を滞納した場合、大家さんは借家人に対し、まず家賃を支払うよう催告します。この場合、借家契約に遅延利息（**遅延損害金**という）についての損害条項が入っていると、大家さんは法律上、滞納家賃の他、約定利率による遅延利息も請求できます。

契約書に損害条項が入っていれば、滞納した家賃についても、遅延損害金が取れるのですね。

はい。しかし、実際問題として滞納家賃の遅延利息はわずかです。たとえば契約書に、「支払期日に賃料（家賃）を支払わないときは、支払期日から実際の返済日まで、年1割の割合による損害金を支払う」という損害条項が契約に入っていたとしましょう。

この場合、借家人が月額6万円の家賃を1か月滞納しても、大家さんが請求できる遅延利息額は500円にすぎません。そのため支払いが

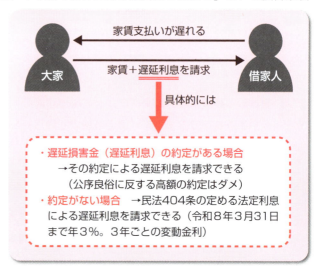

遅れたからといって、銀行や消費者金融のように1日分の遅れでも問答無用に遅延利息を取る大家さんは、まだ少数派でしょう。

私はアパートを貸していますが、賃貸借契約書には、家賃の支払いが遅れた場合の損害条項を入れてありません。この場合でも、借家人から遅延利息を取れますか。

取れます。契約書に損害条項がなくても、大家さんは家賃滞納をした借家人に対し、その家賃滞納が生じた時点での法定利息の利率で、遅延損害金（遅延利息）を請求することができるのです。

　なお、2020年（令和1年）3月31日までは、大家さんが「業」として（不特定多数の人に継続して）アパートを貸している場合には、その法定金利は年6％（**商事法定利息**という）で、業として行ってないときは年5％（**民事法定利息**という）でした。貸家・貸室を「業」として行っているかどうかにより、適用される法定利息が異なっていたのです（個人大家さんでも業となる場合もある）。

　ただし、同年4月1日に改正民法が施行され、その日以降発生する滞納家賃については、大家さんが「業」であるかどうかに関わらず、統一されました（商事法定利息の規定は削除）。また、その利率は変動金利で、3年ごとに見直されます。第2期（令和5年4月1日～令和8年3月31日）に当たる今日、法定金利は施行当初と同率の年3％です（法404条）。

借家契約で、借家人が家賃を滞納した場合の遅延損害金を事前に決めておくことができるそうですが、その金額はいくらでもいいんですか。

借家契約の当事者（大家さんと借家人）は、債務不履行（借家人の家賃滞納）について、契約で損害賠償（遅延利息）の金額を予定することができます（民法420条1項）。

　この規定を文言通り解釈すると、どんな高額な遅延利息の取決めも許される気もします。しかし、公序良俗に反するような高額な賠償額の取決めは認められません（法90条）。

家賃の増減額をめぐる判例

●10年間同一家賃の借家をめぐり、大家と借家人が互いに値上げ、値下げを求めて争った事件

本件借家は、鉄道へのアクセスも便利で、市役所や商業中心部にも近い立地条件に恵まれた物件です。家賃は平成元年4月に月額5万5000円に改定し、以降10年間据え置かれています。

大家さんは公租公課や物価の上昇など経済事情の変動があったとして家賃増額を求めたのですが、借家人は家賃据置きは大家さんが借家の補修工事をしなかったことが原因として、家賃減額を求めて反訴しました。

第一審は、大家さんの賃料増額請求を全部認容したため、借家人が控訴しました。

裁判所は10年間に、物価、地価、賃料、土地の公租公課が増加し、付近の地域性から考慮して、本件借家の賃料は不当に低額となったと認定し、平成11年7月以降の家賃を月額6万円に値上げしました（名古屋高裁・平成15年9月24日判決）。

賃貸を業として（不特定多数の人に反復継続して）行う場合には、消費者契約法により、未払い家賃についての遅延利息は年14.6％（1日あたり0.04％）までと制限されており、これを超える部分は無効です（法9条）。

現実問題としても、このような高利の損害金の取決めは、裁判所が認めません。損害条項を入れる場合、こんな取決めは避けた方が無難です。

なお、前出の改正民法の施行前の条文では、当事者間で取り決めた賠償額は、「当事者間で取り決めた遅延利息の予定額については、裁判所も増減できない」と規定されていて、裁判所も原則変えることはできない決まりでしたが、改正規定では、この部分は条文から削除されました。

✍ ココがだいじです！

家賃支払いが約定の期日より遅れた場合、借家契約の契約書に約定（損害条項）があれば約定の損害金で、損害条項がなければ、法定利息の割合で、遅延利息を請求できる。

第2章

借家人をスムーズに立ち退かせる法

◎立退き・明渡し・更新をめぐるトラブルと解決手続き

・建て替えたいので借家人を立ち退かせたいが
・立退料が安いといって立ち退いてくれないが
・短期の約束で貸したのに立ち退かないが
・借家人が立ち退くとき必ず立退料を支払うのか
・借家人にも非がある立退きでも立退料は必要か
・勝手に取り付けた造作を買い取れと言われたが…など15項

建て替えをしたいが借家人を立ち退かすにはどうすればいいか

1 最初から定期借家にしておけば立退きの交渉の苦労はいらない

アパートやマンションが老朽化すると、空室が埋まるまでに日数がかかり、どうしても入居率は悪化します。また、新築物件と比べて、家賃は一般的に低い（安い）ので、立地条件がよく常に100％入居者のいる物件でも、事業効率は必ずしもいいとは言えません。

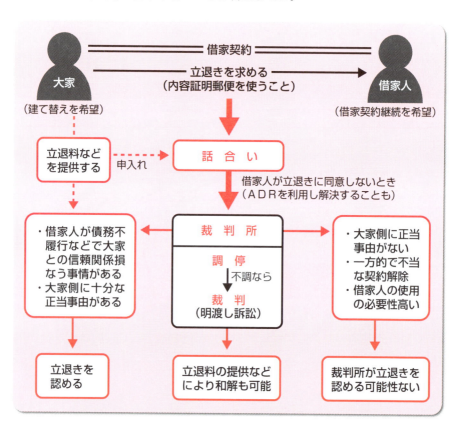

当然、このような物件を所有する大家さんは、建て替えを考えます。

私も所有するアパートの建て替えを考えてますが、入居者（借家人）は長年住んでいる人が多く、建て替え話をなかなか切り出せずに困っています。

建て替えに際して問題になるのは、現在の入居者（借家人）との立退き交渉ですからね。話合いで立ち退いてもらうのがベストですが（前頁図参照）。

借家人に話合いで立ち退いてもらうのは難しいと聞いてますが。

【サンプル】立退きを求める内容証明

　　　　　　　　　　　　　　令和×年6月10日
○○県△△市××町4丁目5番6号　山田荘
102号室
　　林　次　郎　殿 ◀------
　　　　　○○県△△市××町1丁目2番3号
　　　　　　　　山田太郎　㊞

　　　　　通　知　書
　私は、貴殿に対し、私所有の下記アパート1室を賃貸してまいりましたが、同室賃貸借契約は令和×年12月31日をもって期間満了となります。 ◀------
　下記アパートは老朽化が進んでおり、私は建て替えを計画しておりますので、本書面をもちまして同室賃貸借契約の更新拒絶および賃貸借期間満了による下記貸室よりの退去・明渡しをお願い申し上げます。
　　　　記
1．賃貸物件（省略）
2．貸室賃貸借契約（省略）

> 相手（賃借人）の住所氏名などは、正確に書いてください（法人の場合は特に注意）

> 次回の契約更新を拒絶する場合は、契約満了期日より6か月前～1年前までの間に、このような通知を出す必要がある。
> ※定期借家契約に更新はないが、契約期間が1年以上なら、期間満了の6か月前～1年前までの間に、契約満了を通知する必要がある。

チャートで見る 【立退きを求められる条件】

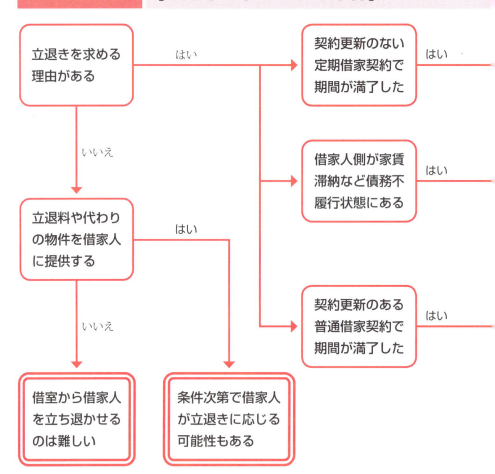

 たしかに、借家人は**借地借家法**という法律で保護されていて、一度借家契約を結ぶと、契約期間が終了しても簡単には立ち退いてもらえません。借家人が契約の更新を望んだ場合、大家さんがそれを拒絶するのは至難の技です。

　一般的には、大家さんの側に借家人側よりその物件を必要とする（借家人に立退きを求める）万全な正当事由があるか、借家人に立退料を支払うことで正当事由が補強できる場合でなければ、裁判でも、まず立退きは認

どんなとき、立退きが認められるか

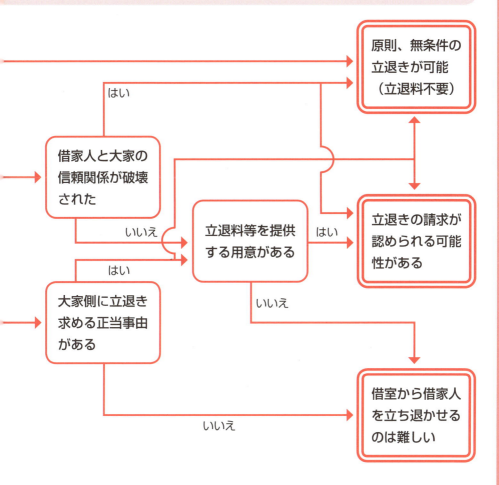

められません。**正当事由**とは、法律上、大家さんが借家人に対し、**借家契約の更新拒絶または解約申入れすることが認められる必要条件**のことです。

具体的には、①大家さんと借家人とのその建物を必要とする事情、②借家契約に関する従前の経過、③建物の利用状況、④建物の現況、⑤立退料の有無などを総合的に判断して、正当事由の有無を決めます（法28条。詳しくは本章６項参照）。

建て替えでは、立退きは無理ですか。

そんなことはありません。老朽化し、倒壊の危険があるような建物の場合には、立退きが認められると思います。

　ただ、たとえ正当事由が不十分でも、特別の理由がなくても、大家さんが借家人に対し、立退きを求めることは自由です。借家人が立退きを拒絶し、争いになれば無理でも、借家人が同意すれば問題ありません。なお、立退きの通知は必ず内容証明郵便で出してください。後々証拠になります。

借家人と揉めずに、うまく立ち退かせる方法はないですか。

契約更新のない**定期借家契約**にしておくと、法律上は契約期間終了を理由に借家人に立退きを請求できます。借家人は、原則立退きを拒絶できません。また、立退料提供は、立退き話に耳を貸そうとしない借家人を交渉のテーブルに付かせるのに効果的です。

　どんな場合に、借家人に対して立退きが請求できるか、前頁のチャートでチェックしてください。

立退きはいつでも自由に申入れできる。
立退料の提示は、難航する立退き交渉や明渡しの裁判で有利に働く。
定期借家契約で貸せば、必ず期限どおりに明渡しを受けられる。

行くところがないと立ち退かない年配の借家人は、どうすればいいですか

2 市区町村に住み替えを相談し公営住宅のあっせんを依頼する

年配の借家人が立退きを拒絶する理由は、経済的理由と住み替えの難しさにあります。同じ広さ、同じ設備、同じ立地条件の物件に移れば、民間の賃貸住宅の場合、家賃は現在より高くなるのが普通です。年金暮らしの高齢者には負担増となる立退きは受け入れがたいでしょう。また、借家契約では連帯保証人を求めるのが一般的ですが、高齢者の中には身寄りがなく、保証人を立てられない人もいます（保証会社を付ける方法はある）。1人暮らしの高齢者を敬遠する大家さんもいて、住み替えが難しいという実

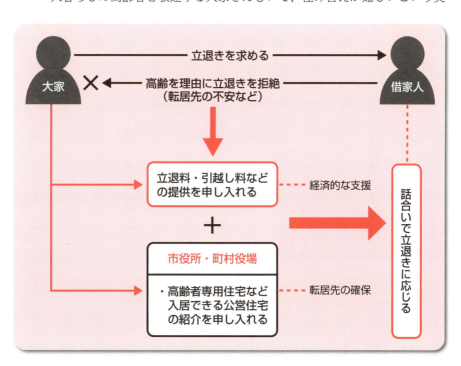

態もあるのです。

　年配の借家人がいる賃貸アパートを建て替える場合、この人たちへの対応次第で、立退きがスムーズにいくかどうかが決まります。

具体的に、どうしたらいいでしょう。

大家さんがしなければならないことは、①立退料の提供など経済的支援と、②転居先の確保です。転居先探しは大家にとって、法律上の義務とまでは言えませんが、家賃や住環境がほぼ同じ転居先を紹介できれば、話合いで立退きを承諾してもらえる可能性が高いでしょう。

そう簡単に転居先が紹介できるとも思えませんが。

民間の賃貸住宅では見つけにくくても、市区町村には高齢者の住み替え支援をする居住支援制度のある自治体もあります。これは、満65歳以上の単身者、満65歳以上含む満60歳以上の人だけの世帯を対象としたもので、支援内容は各自治体により異なります。たとえば、市内に2年以上居住する高齢者が同市内の民間賃貸住宅を借りる場合、保証会社に払う保証料の一部を補助したり、高齢者向けの集合住宅や民間賃貸住宅を紹介するなどです。

　いずれにしろ、転居先探しは借家人任せにせず、大家さんが率先して市区町村の窓口に行き、住み替え可能な物件がないか、相談してみることです。誠意を見せれば、立退き交渉も争いにならずに上手くいきます。

ココがだいじです!

一方的に立退きだけを求めるのではなく、借家人の次の住み替え先を探すなど立退きしやすい環境を作ることも大切。

引越し代など、ある程度の立退料を用意すると、立退きはよりスムーズにいく。

老朽化で建て替えしたいが、借家人に立ち退いてもらえますか

3 引越し代など妥当な金額の提供で話合いによる立退きが可能

都内でも、築30年〜40年を超すアパートや賃貸マンションがまだ残っています。これら老朽化した賃貸集合住宅の多くは、耐震性など現在の建築基準を満たしていません。また、保安上の危険だけでなく、経営効率の上からも問題で、建て替えを考えている大家さんは多いでしょう。

しかし、建て替えする大家さんと立ち退く借家人のメリット・デメリッ

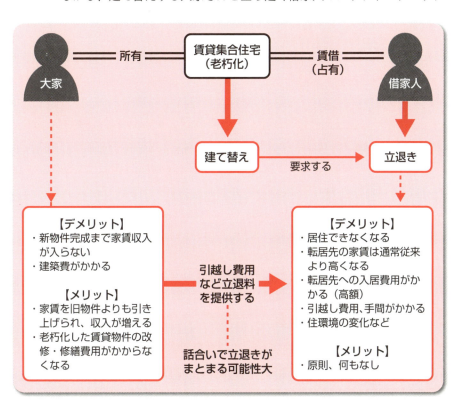

トは前頁図の通りで、借家人側の損失は甚大です。当然、借家期間が終了したからといって、借家人に退去・明渡しを求めても、簡単に立ち退いてはくれないでしょう。

大きな地震がきたら倒れそうなアパートで、建て替えは絶対必要です。それでも、無条件で借家人に立ち退いてもらえないですか。

借家期間の終了により、借家人が無条件で立ち退かなければならないのは、次の３つの場合だけです。

> ① 定期借家契約（借地借家法38条）
> ② 取壊し予定の建物の借家契約（同法39条）
> ③ 一時使用目的の建物の借家契約（同法40条）

　①と②は、書面による特約に限り有効で、①はあらかじめ借家人との間に公正証書等の書面で契約をしなければなりません。

老朽化したというだけでは、無条件立退きは認められないんですね。

はい。老朽化の度合いにもよりますが、話合いで立退きを承諾してくれなければ、契約解除および退去・明渡しを求める裁判を起こすしかありません。ただし、建て替えは老朽化が原因で、やむを得ないものであることを借家人に説明し、相応の引越し代や立退料を提供すれば、話し合う余地は十分あるはずです。また、話合いが上手く行かなくても、いきなり訴訟にするのではなく、まず弁護士会の紛争解決センター（仲裁センター、ＡＤＲセンターなどと呼ばれる）などＡＤＲや民事調停を利用してください。

立退き料や引越し代を提供すると、立退きを承諾する借家人もいる。
話合いがダメなら、まずＡＤＲや民事調停で立退きを求める。

経営上、建て替えをしたいが、借家人に立ち退いてもらえますか

4 建て替え後の入居を約束するか 相応の立退料を払わないと解決しない

建て替えの理由が、「経営上」というのは、老朽化による建て替えではなく、純粋に家賃収入や収益の増加を図る目的だということでしょう。たとえば、用途地区が変わり高層マンションが建てられるようになったので、

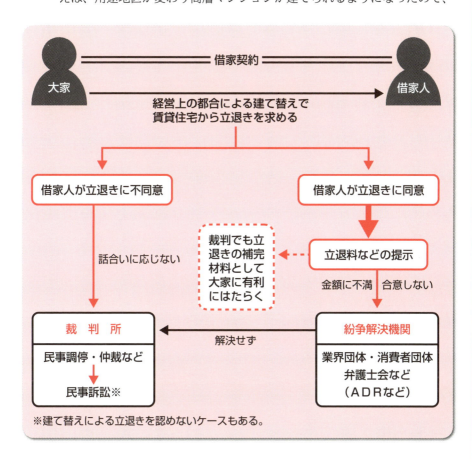

アパートをマンションにするとか、各部屋にネット回線や家具を備え付けた付加価値の高い物件にするなどです。

　ようするに、大家さん側の都合による建て替えで、しかもそのメリットの大半は大家さんが享受します。大家さん側には、立退きを求める正当事由がありませんから、前項の老朽化による建て替えのケースとは異なり、相当に高額の立退料が必要となるケースです。

借家契約の契約書には、「契約期間満了の６か月前までに、賃貸人（大家）が契約の更新をしない旨の通知をしたときは、賃借人（借家人）は立退料など何らの条件を付けることなく、期間満了をもって貸室を退去・明け渡す」と明記してありますが、その場合も立退料が必要ですか。

はい。立退料は、この大家さんのように正当事由がないのに借家人に立退きを求める場合に、**正当事由を補完するための財産上の給付**として支払われるものです（借地借家法28条）。ただし、この規定は強行規定ですから、借家人に不利な特約をすることは許されません（法30条）。「立退料を求めない」という契約条項は無効です。

　大家さんが立退きを求めるのは自由ですが、借家人が立退きに同意しても、立退料の金額で話がこじれることも少なくありません（前頁図参照）。

高額の立退料さえ用意すれば、借家人が立退きに応じてくれない場合でも、明渡し訴訟を起こしてアパートから必ず追い出せますか。

結論から言うと、ＮＯです。借家人に立退きを求める場合、まず借家契約を終了させなければなりません。そのためには、大家さんから借家人に対し、解約の申入れをするわけですが、裁判所に立退きを認めさせるには**正当事由**が必要です（法27条、28条）。

立退料の支払いで、正当事由を補完できるんじゃないのですか。

前項の老朽化の建て替えの場合には、地震がきたら倒れそうなアパートだというのですから、その建物自体が朽廃の時期に近づいていると思われ、保安上も危険があります。とすれば、立退料で解約申入れの正当事由を補完することも可能です。

しかし、たんに経営上の理由、たとえば建て替えで収益がより上がるなどというだけの理由なら、いくら高額の立退料を提供しても、正当事由が認められることはまずありません。

築10年の2階建てアパートの大家ですが、最近用途地区が変わり、5階建てまで建てられるようになりました。賃貸マンションにすれば、売上げも収益も今まで以上に期待できます。銀行も融資するというので、どうしても建て替えしたいのですが、借家人をアパートから立ち退かせる何かいい方法はありますか。

正直に事情を話し、借家人に立ち退いてくれるよう協力をお願いしたらどうでしょう。立退料の提供はもちろんですが、マンション完成後は希望すれば優先して入居させるという条件も、借家人の気持ちをほぐします。

なお、立退料の金額の出し方（考え方）は、この章の後半（10項参照）で紹介しますが、当事者同士の話合いでまとまらなければ、裁判外の紛争解決機関（ＡＤＲともいう。弁護士会、業界団体、市区町村などにある）に相談してもいいでしょう。ただし、業界団体の裁定はどうしても大家さんよりになりがちです。提示された立退き料が少ないと、借家人側が反発することも多いようです。ＡＤＲでも解決しなければ、最終的には民事裁判を申し立てて、裁判所に立退料の金額を決めてもらうしかありません。

ココがだいじです！

建て替えによるメリットは大家さん側だけにあるので、借家人が話合いにより立ち退いてくれるにしても相当高額な立退料の用意が必要。
裁判で明渡しを求めても、裁判所が立退きを認めるとは限らない。

2章 借家人をスムーズに立ち退かせる法

立退料が安いとゴネる借家人はどうすればいいですか

5 ゴネ得は許さない！裁判で立退きを認める判決を取る

借家人が立退きに応じなければ、最終的には裁判手続きによるしか方法はありません。しかし、長期間の家賃滞納など借家人が大家さんとの信頼関係を著しく損なった場合を除けば、無条件で立退きを要求できるのは、定期借家契約、取壊し予定建物の借家契約、一時使用目的の借家契約の場合だけです。それ以外は、大家さん側の正当事由が認められない限り、裁判所は立退きを命じません。また、借家人側の必要性が大きいと判断されると、正当事由があっても大家さん側の更新拒絶や解約申入れを認めないこともあります。

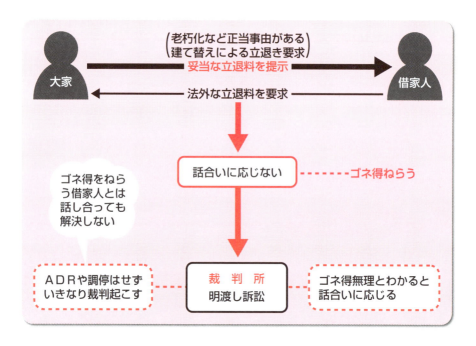

そういう場合、立退料を払えば、借家人を追い出せると聞きましたが。

はい。立退料は、この正当事由を補完するもので、借地借家法にも「**財産上の給付**」と明示されています（同法28条）。立退料は日常的に使われますが、裁判でも立退料と引き換えに大家の明渡し請求を容認する判決は珍しくありません。ただし、これまでにも説明しましたが、必ず立退きを認めるというわけではないのです。

老朽化したアパートを建て替えることにし、借家人には相応の立退料を払って出てもらいましたが、1人だけ立退きを拒否して、部屋を明け渡してくれません。相手は、立退料を倍払えば出ると言ってますが。

払う必要はありません。他の借家人は納得して立ち退いたようなので、用意した立退料は妥当なものでしょう。それに倍払っても、さらに要求してくる可能性もあります。こういう借家人には調停や裁判外紛争解決手続き（ADR）ではなく、正式裁判、つまり明渡し訴訟を起こすべきなのです。

裁判にしたら、余計長くなりませんか。

もともとゴネ得狙いの相手ですから、手間も費用もかかる裁判を受けて立つとは思えません。訴状が届くと、話合いによる解決を望んでくるはずです。その際、多少の上乗せをすることは仕方ないでしょう。ただし、上乗せ分は、立ち退いた後で払うことです。

ココがだいじです！

どこまでも金額を吊り上げてくる相手とは話合いは無理。
解約申入れの正当事由があるなら裁判にした方が安くすむ。
立退料が高額になると、建て替え後の経営を圧迫する。

契約の更新をしたくないが、どうすればいいですか

6 正当事由がなければ契約更新を拒めない

アパート、マンション、一戸建てを問わず、賃貸住宅の契約期間は一般的に2年程度です。その契約期間が終了（**満了**という）した場合、借家人が引き続き同一物件（貸家・貸室）の使用を希望すれば、大家さんは原則として、契約更新を受け入れなければなりません。

法律上、初めから更新のない定期借家などの借家契約（68頁参照）を除けば、更新を拒絶できる場合は限られています（右頁図参照）。

どんな場合に、契約更新を断ることができますか。

借家人は、**借地借家法**により手厚く保護されています。**普通借家契約**（定期借家契約と違って契約更新が認められる）では、借家人の契約更新の申入れを拒絶できるのは、大家さん側に**正当事由**がある場合だけです。

この正当事由がなければ、大家さん側は契約更新を拒絶できません。これは、長期間の家賃滞納などで、借家人が信頼関係を著しく損なったとして、大家さん側が一方的に契約を解除する**解約申入れ**の場合も同じです。

正当事由って何ですか。

正当事由とは法律上、大家さんが借家人に対し、**更新拒絶または解約申入れをすることが認められる必要条件のこと**です。借地借家法28条は、正当事由の判断基準として次の5項目をあげ、これを考慮して正当事由がある

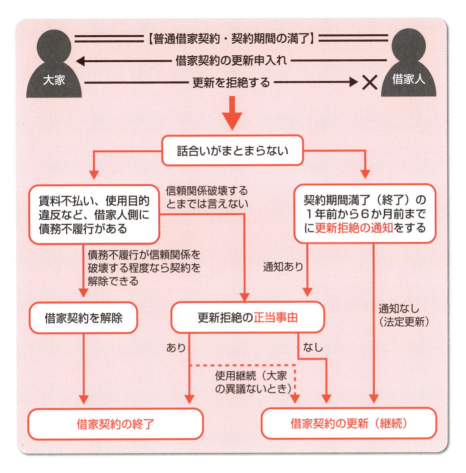

と認められなければ、更新拒絶も解約申入れもできないと定めています。

①大家さんと借家人とのその建物を必要とする事情

　大家さん側の必要性が著しく高い場合には、正当事由が認められる可能性が高くなります。たとえば、大家さんが高齢のため、世話をしてくれる息子夫婦を近くに住まわせたいが、他に手ごろな物件がないので借家人に貸している部屋を使いたいというような事情なら、大家さん側に有利です。

②借家契約に関する従前の経過

　家賃が、周辺（近隣）の他の貸家・貸室と比べて低かったり、また入居の際に礼金を取らなかったなど、借家人を優遇する契約条件だった場合

チャートで見る 【更新拒絶の可能性】

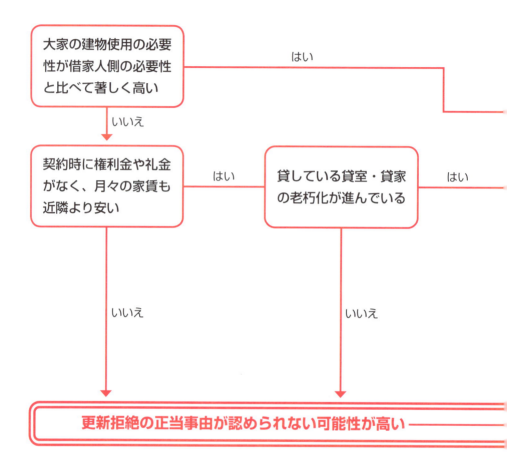

には、大家さん側に有利に働きます。この他、借家人が長期間、家賃を滞納しているような場合も大家さんに有利です。

③建物の利用状況

用法違反や近隣とのトラブルが多い借家人の場合には、大家さん側に有利に働きます。

④建物の現況

老朽化が著しい場合は、大家さん側に有利な事情です。

更新拒絶ができるとき、できないとき

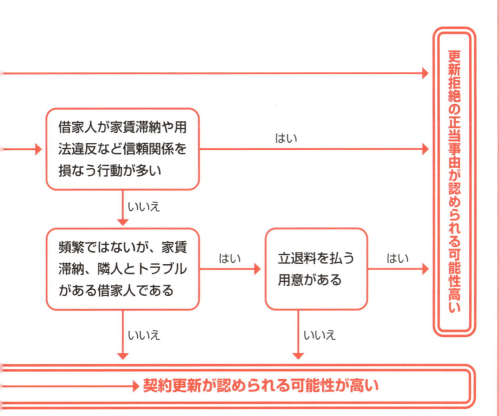

⑤立退料

　①〜④だけでは、正当事由が十分あるとまでは言えない場合に、立退料の提供は正当事由を補完する材料として、大家さん側に有利に判断されます。

　正当事由があるかどうか、具体的には個々の事情により、かなり異なると思いますが、上図のチャートを1つの目安してください。

正当事由があれば、必ず更新拒絶が認められますか。

大家さんは、契約期間が終了する1年前から6か月前までに借家人に対し、契約更新をしない旨の通知をする必要があります。通知を忘れると、これまでと同じ契約条件で契約を更新（法定更新という）したことになりますから注意が必要です（同法26条）。なお、解約申入れをした場合、その日から6か月経過後に、その借家契約は終了します（同法27条）。

【参考】

借地借家法28条（抜粋）　大家による借家契約（建物賃貸借契約）の更新拒絶（同法26条1項）の通知または解約の申入れは、大家および借家人が建物の使用を必要とする事情のほか、借家契約に関する従前の経過、建物の利用状況および建物の現況ならびに大家が建物明渡しの条件として、または建物の明渡しと引き換えに借家人に財産上の給付（立退料）をする旨の申出をした場合に、その申出を考慮して正当事由があると認められなければ、することができない。

同法26条1項　建物の賃貸借（借家契約）について期間の定めがある場合において、当事者（大家と借家人）が期間の満了の1年前から6月前までの間に相手方に対して更新をしない旨の通知または条件を変更しなければ更新をしない旨の通知をしなかったときは、従前の契約と同一の条件で契約を更新したものとみなす。ただし、その期間は、定めがないものとする。

ココがだいじです！

正当事由がないと契約更新は拒めない。
立退料は大家さん側の正当事由を補完する重要な材料。
借家人に家賃滞納などの債務不履行がある場合も、更新拒絶や契約解除が認められる正当事由の一要素になる。

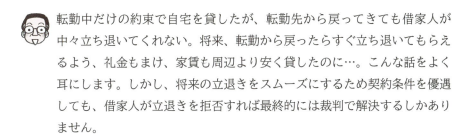

転勤中だけの約束で貸したが立ち退いてくれないのですが…

7 立ち退いてもらうには裁判を起こすしかない

転勤中だけの約束で自宅を貸したが、転勤先から戻ってきても借家人が中々立ち退いてくれない。将来、転勤から戻ったらすぐ立ち退いてもらえるよう、礼金もまけ、家賃も周辺より安く貸したのに…。こんな話をよく耳にします。しかし、将来の立退きをスムーズにするため契約条件を優遇しても、借家人が立退きを拒否すれば最終的には裁判で解決するしかありません。

裁判というと、やはり正当事由が必要なんですね。

そうです。**正当事由がなければ裁判所は立退きを認めません**。ただし、契約条件の優遇は、正当事由の判断において有利に働くと思います。

裁判をしないと借家人を追い出せないなんて…。転勤の間だけ貸す場合は、知り合い以外、貸せませんね。

残念ですが、知り合いに貸す場合でも同じです。海外赴任中、会社のあっ旋で職場の同僚に新居を貸しましたが、帰国後も借家人の同僚に貸家を立ち退いてもらえず、大家さんの方が社宅住まいを余儀なくされたというケースもあります。転勤期間終了後、確実に明け渡してもらうには、やはり最初から、**更新のない定期借家契約で貸すべき**なのです（詳しくは4章8項参照）。

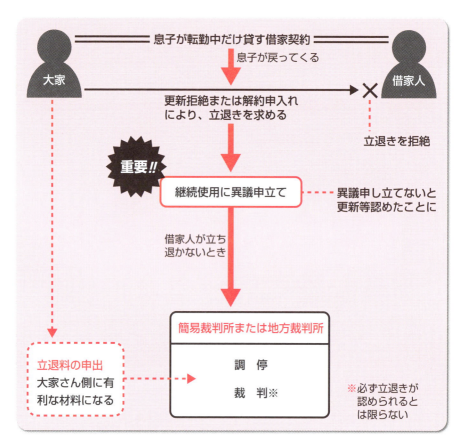

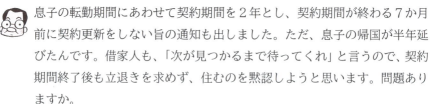

息子の転勤期間にあわせて契約期間を2年とし、契約期間が終わる7か月前に契約更新をしない旨の通知も出しました。ただ、息子の帰国が半年延びたんです。借家人も、「次が見つかるまで待ってくれ」と言うので、契約期間終了後も立退きを求めず、住むのを黙認しようと思います。問題ありますか。

大ありです。更新拒絶の通知を受けた借家人が、期間満了後も立ち退かずに住み続けることを**継続使用**と言います。この場合、大家が借家人に継続使用の中止と速やかな立退きを求める**異議を申し立てないと、法定更新**したことになってしまうのです（期間の定めのない契約。借地借家法26条2項）。

トラブルを増やさないために

●定期借家は「契約満了の１年前から６か月までの間」に借家人に契約終了の通知を出すのを忘れずに

　定期借家契約は契約更新がありません。契約期間が満了すれば、契約は終わりです。借家人は立ち退くしかありません。立退料も不要です。

　ただし、「定期借家契約」にしておけば大丈夫だと、安易に考えるのは危険です。たんに契約書のタイトルを「定期借家契約」としたり、契約書に「契約の更新はしない」などの条文を入れるだけではダメで、法律上、定期借家契約が有効に成立し、その契約が法的保護を受けるためには様々な条件をクリアしなければなりません（詳しくは、４章８項参照）。

　たとえば、契約終了の通知期間です。契約期間１年以上の定期借家契約の場合には、大家さんは「契約満了の１年前から６か月前まで（通知期間という）」の間に、借家人に対し、「定期借家契約なので、期間満了により契約が終了する」旨を通知しなければなりません（借地借家法38条６項本文）。この通知を忘れると、満了日が過ぎても居すわり続ける借家人に対し、「契約が終わったから出て行け」とは、法律上、言えないのです。

　もちろん、通知期間が過ぎた後でも上記の通知を出せばよく、その通知を出した日から６か月経てば、定期借家契約が終了したとして、借家人に退去・明渡しを請求できます。しかし、通知がないのをいいことに満了後も居すわり続ける借家人が出たら、その相手を追い出すには手間と費用がかかるでしょう。そもそも、退去日が遅れると、入居需要が多い時期に次の借家人を決められず、そのまま空き室が続くことにもなりかねません。

　「定期借家契約だから大丈夫」と安心せず、通知期間内に借家人に対し、契約終了の通知を出すことを忘れないようにしてください。

ココがだいじです！

転勤中だけ貸すという約束は定期借家契約にしてない限り、更新を拒絶できるかどうかは、借家人と大家さんの建物使用の必要性の高さによる。契約期間終了後も借家人が使用継続するのを黙認していると、法定更新したとみなされる。

2章　借家人をスムーズに立ち退かせる法

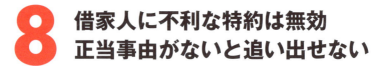

いつでも明け渡す約束なのに借家人が出てくれないのですが…

8 借家人に不利な特約は無効 正当事由がないと追い出せない

 これまでにも申し上げてきましたが、借家契約では契約期間が終了しても、定期借家契約、取り壊し予定の建物の借家契約、一時使用目的の建物の借家契約を除けば、原則として大家さんの都合だけで、借家人に貸家・貸室からの立退き（退去・明渡し）を求めることは難しいのです。

 大家に正当事由がないと、ダメなんですよね。

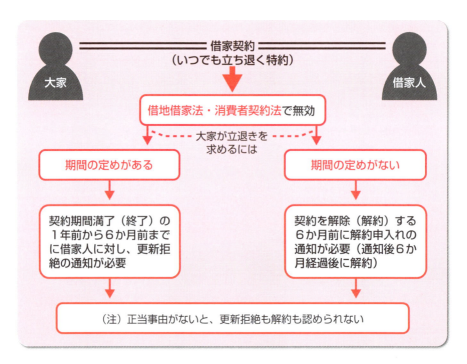

82

そうです。更新のある借家契約（**普通借家契約**）では、大家さんが借家人に立退きを求める場合、事前にその旨を通知しなければなりません。

その通知は、いつまでにすればいいんですか。

契約期間満了（終了）の1年前から6か月前までに、借家人に対し、更新を拒絶する旨の通知をしなければなりません（借地借家法26条1項）。また、期間の定めがない契約の場合、契約を解除（解約）したい日の6か月前までに同様の通知が必要です（法27条。左頁図参照）。しかも、大家さんに正当事由がなければ、この更新拒絶も解約の申入れも認められません（法28条）。

借家人との契約書に、「大家から更新拒絶の通知がなくても、契約期間終了により借家人は立ち退くこととする」とか、もっと通知期間を短く、たとえば「1か月前までに通知する」というような特約を入れることはできますか。

できません。**強行規定**といって、借家契約の更新についての規定（法26条〜29条）に反する内容で、**借家人に不利な特約は無効**です（法30条）。

うちのアパートでは、借家人との契約書に「大家が立退きを求めたときは、いつでも明け渡す」という特約を入れてるんですが、ダメですか。

今でも、こんな契約書が残っているのは驚きです。明らかに、**借地借家法に反する特約で無効**ですし、事業としての賃貸なら**消費者契約法にも反します**。この特約に基づいて明渡しを求めても、借家人が立退きを拒否すれば、裁判所はまず認めません。あなたが使っている契約書の条文のように、大家さんの都合で借家契約を自由に解除でき、解除された借家人は無条件で立退くなどという趣旨の特約は、すぐに削除した方がいいでしょう。

どうしても急いで立ち退いてもらいたい場合、どうすればいいですか。

借家人に事情を説明し、納得してもらうしかありません。この場合、立退料だけでなく、最初から移転先もあっ旋したらどうでしょう。誠意が見えれば、相手も立退きに応じてくれる可能性はあると思います。

アパートの管理を任せている不動産業者から、一時使用にすればいいと勧められましたが。

たしかに、**一時使用の賃貸借には、借地借家法第三章（法26条〜40条）の適用はありません**。借家契約書に一時使用であることを明記し、「契約期間がきたら、必ず明け渡す」という条項を入れておくと、期間終了により借家人に立ち退いてもらえます。ただし、一時使用と判断されるのは、イベントで数日間貸すとか、借家人が自宅の増改築中で、その間だけの仮住まいとして貸すというような場合です。

　借家人が生活の拠点として借りている場合には、契約書に「一時使用」と明記されていても、借地借家法の適用がある「普通借家契約」と判断されるケースが多いでしょう。この場合、立退きには正当事由が必要になりますし、1か月とか、3か月の単位で貸していると、「期間の定めのない借家契約」になってしまいます。

　借家人を簡単に追い出せると、普通借家契約を一時使用で貸す大家さんもいるそうですが、後々トラブルになりやすく、そうなれば大家さんの言い分は通りません。このような脱法契約は危険で、絶対やめるべきです。

ココがだいじです！

いつでも明け渡すという特約は無効で、立退きを求めるには正当事由が必要。一時使用目的の契約は普通借家契約とみなされるケースも多く、争いになると、大家には不利となる。

借家人に立ち退いてもらうとき、必ず立退料は必要なのですか

9 債務不履行や定期借家なら立退料を払う必要はない

立退料は、借家人を貸家・貸室から立ち退かせる場合、借家人が被る不利益を補償するために支払われる金銭のことです。実務上も、賃貸物件の立退きをめぐる紛争解決手段として日常的に利用されています。ただし、借家人に立ち退いてもらうときは、必ず立退料を払うということではありません。

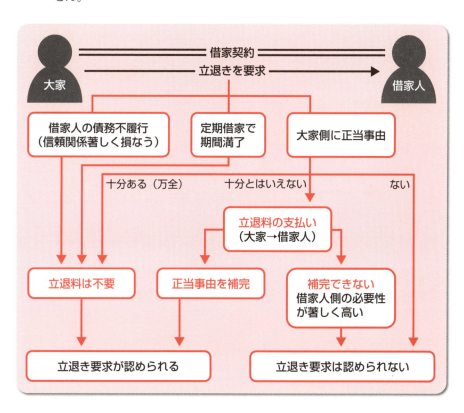

たとえば、家賃滞納など借家人の債務不履行で著しく信頼関係を損なった場合、大家さんは契約を解除できますので、当然ながら立退料は不要です。また、定期借家で契約期間が満了した場合も不要です（前頁図参照）。

立退料が必要なときは、それを払えば必ず借家人を追い出せるのですか。

借地借家法28条は、立退料について「**正当事由を補完する財産的な給付**」と定めています。これは、貸家・貸室の使用の必要性、建物の現況などを検討したら立退きを認める正当事由は十分とは言えないが、立退料を払うことで、その不足分を補えるということです。つまり、払われる立退料が正当事由の不足分を補えば、立退き請求は認められます。もっとも、大家さんが立退料を払えば必ず借家人を追い出せるというわけではありません。というのは、立退料は正当事由そのものではないからです（下図参照）。

たんに、借家人が気に入らないという感情的な理由で立退きを要求するなど正当事由がない場合は、いくら多額の立退料を提供しても、立退きは認められません。これが法律の考え方です。

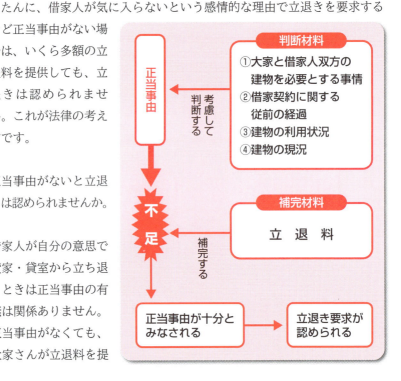

正当事由がないと立退きは認められませんか。

借家人が自分の意思で貸家・貸室から立ち退くときは正当事由の有無は関係ありません。正当事由がなくても、大家さんが立退料を提

供し、借家人が立退料を受け取って、建物を明け渡すのも自由です。また、借家人側に債務不履行があり裁判になれば立退料なしに立ち退かせられる場合でも、裁判にせずに借家人との話合いで若干の立退料を払い、代わりに自主的に立ち退いてもらう方が面倒ありません。

このように、法律上は立退料を払う必要がない場合でも、紛争解決手段として立退料が使われることがあるのです。

アパートの経営者ですが、建物が老朽化したので建て替えることにしました。借家人は1室50万円ずつ立退料を出すことで納得させましたが、1人だけ、「立退料の他に引越し代として10万円寄こせ」と、アパートから出て行かない借家人がいて困っています。立退料に引越し代は入らないんですか。

立退料は、貸家・貸室から立ち退くことで被る借家人の損失を補償するもので、具体的には次のようなものです。

> ①立退きにより、借家人が支出を余儀なくされる移転先への引越しの費用など、いわゆる移転費用
> ②居住権や営業権など、立退きによって借家人が失う利益
> ③借家権など、立退きにより消滅する借家人の利用権

①の移転費用には、引越し費用の他、移転する先の建物を借りるのに必要な当初費用（敷金、礼金、不動産業者の仲介手数料など）、差額家賃などがあります。また、②は移転先の立地条件や物件の間取りや使いやすさが立ち退いた物件より劣った場合に支払われるものです。

ココがだいじです！

立退料は正当事由を補完する。借家人が信頼関係を損なった場合や定期借家、また正当事由が万全なら、払う必要はない。

立退料は、借家人の不利益（引越し費用、居住権、借家権）を補償するために払われる。

立退料はいくら払えばいいのですか

10 定型的な計算式はないが
妥当な金額は決まっている

立退料は、貸家や・貸室など賃貸物件の立退きだけでなく、土地建物全般の明渡しのトラブル解決方法として日常的に使われます。バブル時代、わずか15坪（約45.45㎡）の貸し店舗に1,000万円を超す立退料が払われたこともあると聞きました。しかし、最近は、そんな高額の立退料が払われることはまずありません。とくに、賃貸住宅の立退きでは、大家さんは引

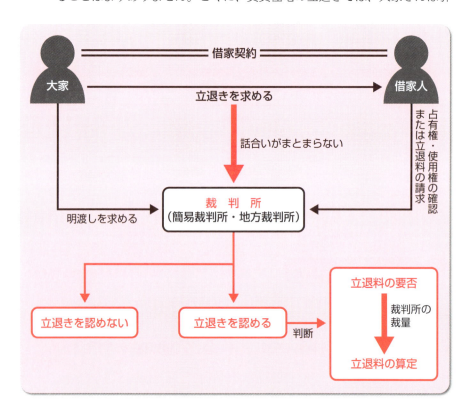

越し費用程度の金額提供を申し出るだけのようです。その金額は、当事者同士（大家さんと借家人）の話合いで決まらなければ、最終的には、裁判所の判断を仰ぐしかありません（前頁図参照）。

私は賃貸アパートを所有していますが、老朽化したので建て替えを考えています。アパートの借家人は皆、立退料さえ出してくれれば出て行ってもいいと言いますが、立退料を出す計算式はありますか。

残念ながら、**立退料を出す定型的な計算式はありません**。判例も、立退料の計算は「**裁判所がその裁量によって自由に決定しうる**」と、個別の事例ごとに、その金額を算出するしかないと指摘しています。

もちろん、これは何の基準もないということではありません。実際には、大家さんと借家人との対象建物（大家さんが立退きを求めている建物）使用の必要性の度合と関連するすべての事情を考慮して決められるのです。

立退料の算定に当たって、考慮する事情って、どんなものですか。

関連する一切の事情です。立退料は、大家さん側の更新拒絶や退去・明渡し請求の**正当事由を補完するもの**ですから、この正当事由の判断において考慮される事情と同じです（借地借家法28条。本章6項参照）。

具体的には、次のようなものがあげられます。

①**大家さん側の事情**
・大家さんが立退きを求める理由（大家さん本人や家族、親族などの住居や事業の本拠地として、立退きを求める貸家・貸室を使うなど）
・大家さんの年齢、経歴、職業など
・大家さんの資産
・大家さんの経済状態（年間の収入と支出など）
・大家さんの健康状態
・大家さんの家族関係（家族構成、家族各人の年齢、職業、収入、円満度、健康状態など）

- 大家さんが法人または営業者である場合（設立時期、資本金、業種、営業成績、従業員数など）
- 立退き対象建物の事情（建物の状態、建築後の経過年数、老朽化の度合、修繕費用と再築費用、近隣状況、使用の目的など）
- 借家契約の内容（賃貸開始期日、借家期間、家賃、敷金、権利金、保証金、更新状況、使用目的→**居住用か営業用**か、契約時の特殊事情、近隣家賃との比較など）
- 賃貸中の状況（使用状況など）
- 立退き請求後の交渉経過（交渉態度、立退料提示、移転先あっ旋、調停経過など）

②**借家人側の事情**
- 借家人の年齢、経歴、職業など
- 借家人の資産（移転可能な建物の有無）
- 借家人の経済状態（年間の収入と支出など）
- 借家人の健康状態
- 家族関係（家族構成、各人年齢、職業、収入、円満度、健康状態など）
- 借家人が法人または営業者である場合（設立時期、資本金、業種、営業成績、従業員数など）
- 立退き対象建物の事情（使用目的→**居住用か営業用か**、賃借建物への愛着度、通勤・通学時間、顧客に対する影響、自費修繕の有無など）

　立退料は、これらすべての事情を考慮して算出されます。たとえば、建築後約40年が経過する都心の木造アパートの建て替えを計画した大家さんが、高齢の同居人がいる借主に対し、立退きを求めた事件で、借主側の必要性が住居とすることに尽きる場合の立退料は、「引越し料その他の移転実費に加え、現賃料と移転後の賃料の差額の１～２年分程度」の支払いで足ると判示しています（東京高裁・平成12年３月23日判決）。

　立退料支払いを条件に借家人に立退きを求めたら、私が考えていた金額よりかなり高額な立退料を要求されました。解決に時間のかかる裁判にはしたくありませんが、相手の言い成りに払うことはできません。私と借家人が納得できる立退料の金額を教えてくれるところはありませんか。

弁護士会、業界団体、市区役所、国民生活センターなどに相談してみるのも1つの方法です。弁護士会の紛争解決センターなどADR（裁判外紛争処理機関）の認定事業者の場合、相手との仲裁・あっ旋までしてくれます。

たとえば、弁護士会では、全国39か所に紛争解決センターを設置しており（令和5年3月現在）、当事者（大家さんと借家人）の話合いによる解決を後押ししています。その話合いがまとまらなければ、仲裁といって、判決と同じ効力のある判断をしてもらうこともできるのです（日本弁護士連合会のホームページ参照）。老朽化による建て替えなどでは、「この程度は必要です」と、具体的な立退料の金額を提示してもらえることもあるようです。

また、その他の相談先では、一般的に、業界団体は金額が低め（大家さんに有利）で、国民生活センターは消費者（借家人）に有利（金額も高め）だと言われています。

なお、裁判所の調停なども利用できますが、裁判所を利用する場合には、やはり弁護士を頼んだ方がいいでしょう。弁護士が入ると、話合いにしろ、裁判を起こすにしろ、ある程度妥当で適正な立退料の金額で解決できる可能性が高まります。

【参考】
本書では紙面の都合で、ごく基本的なことしか紹介できませんが、立退料についてもっと詳しく知りたいという大家さんは、自由国民社発行の『立退料の決め方（第6版）』（横山正夫・小野寺昭夫著）が参考になります。大家さんは、どういうケースで、いくら立退料を払ったらいいかなど具体例による解説の他、最近の判例の一覧も掲載されています。

ココがだいじです!

立退料の定型的な計算式はない。算定には、大家さん・借家人双方の建物使用の必要性と、立退料算定に関連するすべての事情を考慮して決定される。立退料は、裁判所がその裁量により自由に決定できる。

借家人に非があるときも立退料は必要なのですか

11 早く解決をするなら立退料を払ってもよい

立退料は、立退き請求の正当事由を補完するために払われるものです。正当事由がなければ請求は認められませんから、立退料は発生しません。また、定期借家で契約期間が終了した場合や借家人が大家さんとの信頼関係を著しく損なった場合、大家さんは立退料なしに立退き請求ができます。しかし、実務上は、これらの場合でも借家人に立退料が渡ることがあるの

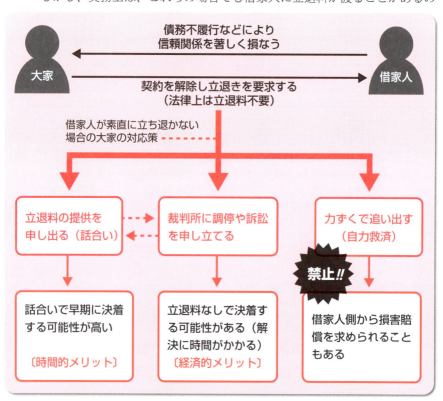

です。

正当事由がなくても、立退料を払えば借家人を追い出すこともできるということですね。

はい。借家人の中には対象物件に愛着がなく、高額の立退料を出せば立退きに応じる人もいます。正当事由がなくても借家人に立ち退いてほしい場合、立退料の提供を条件に立退きを打診してみたらいいと思います。

１年以上家賃滞納の借家人に「出て行ってほしい」と言うと、立退料を出せと要求されました。払わなくても、立ち退いてもらえるんですよね。

法律上は払う必要ありません。借家人が立退きに応じなければ、明渡し訴訟を起こして、裁判所から立退きを命じてもらえばいいのです。

裁判って、時間がかかりますよね。他に方法はないですか。

裁判は時間がかかるからといって、力ずくで追い出すわけにもいきません。**自力救済**といって法律上、禁止です（前頁図参照）。こんな場合、裁判にするより、払う必要のない立退料を提供して、話合いで借家人の立退きを求めるのも１つの手です。裁判になれば、立退料なしに追い出されるのですから、家賃滞納など自分に非のある借家人はこの申出に応じるはずです。

ココがだいじです！

立退料は紛争解決の手段で、正当事由がない場合でも立退料の提供で借家人に立ち退いてもらえることがある。
法律上、立退料が不要なときも、相手が素直に立ち退いてくれるなら、立退料を払うことで早期の解決が図れることもある。

契約を更新するとき、更新料は必ずもらえるのですか

12 更新料を払う特約があれば原則借家人に請求できる

借家契約を更新する際、首都圏や一部の府県では、借家人から大家さんに、家賃の1～2か月分の更新料を払う慣行（慣習）があります。これらの地域では、借家契約に**特約（更新料条項）**が入っているのが一般的です。

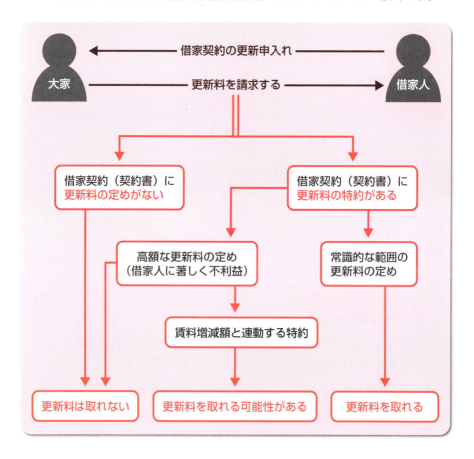

更新料条項をめぐる最高裁の判例から

★賃貸マンションの更新料条項は高額すぎない限り有効と認められる

（最高裁・平成23年7月15日判決）

賃貸マンションの更新料条項が、法律上有効かどうかが争われた裁判で、最高裁が「更新料は原則有効とする」統一判断を出した初めての判決です。

本件は、京都市内のマンション1室を借りた会社員が、借家契約の更新料条項は一方的に大家さん側から押し付けられた不合理な慣習で無効だとして、払った更新料など計55万円の返還を求めた事件です。この借家契約は1年契約で、家賃は月額4万5,000円、約定の更新料は10万円で5回払っています。

裁判では、借家契約の更新料条項が消費者契約法10条の「消費者の利益を一方的に害する契約」に当たるかどうかが争われ、第1審（京都地裁・平成20年1月30日判決）は大家さん側勝訴でしたが、控訴審（大阪高裁・平成21年8月27日判決）は1年ごとに家賃2か月分余りの更新料は高額と指摘、また入居者は契約時に対等な立場で契約条件の検討ができないとして、更新条項は不平等な取引で消費者契約法に照らし無効と判断、大家さん側に敷金の一部など計45万5,000円の返還を命じる逆転判決を出したのです。

この判決を不服とした大家さん側は上告し、最高裁で争われました。

最高裁は、更新料の性格について、一般的には「家賃の補充または前払い、借家契約を円満に継続するための対価」であると、その合理性を認めました。また、一定の地域では更新料の支払いは慣習として公知であり、借家契約の契約書に具体的に記載された更新料条項は、その金額が、家賃、更新期間に照らして高額過ぎない限りは有効と指摘したのです。その上で、本件契約の1年更新、更新料を賃料の2か月分余りとする約定は、高額すぎるなど消費者の利益を一方的に害する特段の事情には当たらないと判示、同条項が消費者契約法に反し無効とした2審判決を破棄し、借家人側の返還請求を退けています（敷金返還請求も棄却。一方、大家さんの未払い家賃の請求は認容）。

なお、同時に、大阪高裁で有効（1審大津地裁）、無効（1審京都地裁）と判断が分かれた2件も合わせて審理され、3件いずれも「更新料条項は原則有効」とする統一判断が出され、借家人側の請求は退けられました。

アパートの大家ですが、うちも借家期間2年、更新の場合は家賃1か月分の更新料をもらう契約です。これまで、更新料のことで文句を言われたことはありませんが、まもなく更新になる借家人が突然、「更新料の特約は対等な立場にない大家から押し付けられたものだから、法律上無効だ」と言い出し、更新料を払わないと宣言したのです。法律上、更新料条項は無効ですか。

借家契約の更新時に借家人から**更新料を取る特約（更新料条項）は、法律上有効**です。借地借家法など法律に更新料についての規定はありませんが、最高裁判所は「更新料条項は有効」とする判断を下しています（前頁判例参照）。あなたの場合も、特約があれば更新料を請求できます。

有効ということは、いくら更新料を取っても自由ということですか。また、いくらまでなら更新料を取れますか。

それは違います。裁判所は、「一般的に家賃の補充または前払いであり、借家契約を円滑に継続するための対価である更新料は、一定の地域ではよく知られた慣習で、大家が借家人から更新料を取ることは経済的な合理性がある」と認めましたが、その金額まで無制限に認めたわけではありません。**家賃、更新期間に照らして高額すぎる更新料は認められない**のです（特約無効）。

　なお、個々の更新料は、借家契約成立の際の大家さんと借家人双方の事情、更新料の性質、周辺の慣習や相場など諸般の事情を考慮して決められます。具体的にいくらまでOKとは言えません。ただ、前出判例は、借家期間1年で月家賃の2倍強の更新料を有効としており、参考になると思います。

ココがだいじです！

借家契約の契約書に更新料を払う特約があれば、大家は原則請求できる。更新料が高すぎるなど特約の内容が借家人に一方的に不利益を与える場合、その特約は無効になる。

立退きの際、勝手に付けた造作を買い取れと言うのですが

13 買い取る義務はなく 原状回復を求めればいい

借家人が賃貸住宅を無断で増改築すれば、大家さんは建物の保管義務を怠ったとして、借家人に契約解除と原状回復を求めます（詳しくは3章4項参照）。借家人が造作を無断で建物に取り付けた場合も同じです。

造作って、何ですか。

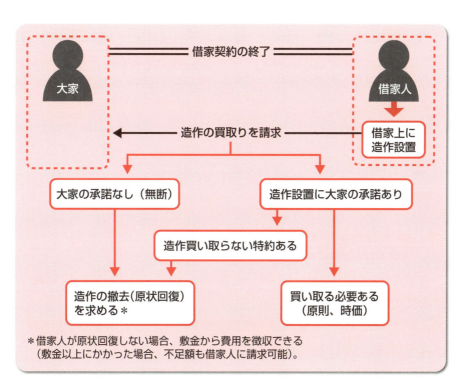

＊借家人が原状回復しない場合、敷金から費用を徴収できる（敷金以上にかかった場合、不足額も借家人に請求可能）。

造作とは、建物に付加されたもので、借家人の所有に属し、かつ建物の使用に客観的便益を与えるものです。具体例として、借地借家法33条は、畳、建具を上げていますが、この他、クーラーや備付けの食器棚、衛星放送用のアンテナ、バリアフリーのための室内の手すり、ソーラー湯沸かし器など、取外し可能な動産があげられます。

借家人が立退きの際、造作の買取りを請求したら、断れますか。

借家人が勝手に付けた造作、つまり大家さんの承諾を得ていないものは買い取る義務はありません。買取りを求められても拒否でき、その造作を建物から取り外して貸したときの状態に戻すよう、**原状回復を請求できます。**
　ただし、造作設置を承諾していた場合は、借家人から買取り請求があれば、大家さんはその造作を買い取らなければなりません（同条）。もっとも、この規定は、**強行規定**ではないので、**造作は一切買い取らない旨の特約**を結んでおくと、大家さんは買取り義務を免れます。当初の契約書に、**「借家人は造作を付けた場合、一切その買取りを請求せず、立退きの際は必ず原状回復して引き渡す」**という趣旨の特約を入れておくと後々面倒がありません。

造作の買取り価格は、どうやって決めればいいですか。借家人は付けたときの金額で買い取れと言いますが。

借地借家法では、**造作の買取りは時価**と定めています（同条）。

ココがだいじです！

借家人が勝手に付けた造作は買い取る必要はない。造作の取外しなど原状回復を借家人に請求できる。
造作の設置を承諾した場合、買い取らない特約がなければ、買取りの義務はある。ただし、買取り額は時価でよい。

借家人が死亡したとき、同居人を退去させられますか

14 同居人が妻子や内縁の妻なら追い出せない

亡くなった人（被相続人）の財産（相続財産という）は相続人に引き継がれます。賃貸住宅に住んでいた場合、その借家権や居住権も相続対象です。

借家人が死んだら、借家契約は終わりじゃないんですか。

相続人がいる場合、借家人の地位は通常、その相続人の誰かが承継します。たとえば妻子と同居していた場合、妻か子が新しい借家人となり、その人が新借家人として家賃の支払い義務を負います。一方、大家さんも引き続き住宅を使用させる義務を負います。

つまり、借家人死亡を理由に同居の妻子に立退きを求めることはできないのです。

同居人は正式な奥さんじゃありません。内縁です。相続人じゃないから立ち退いてもらえますよね。

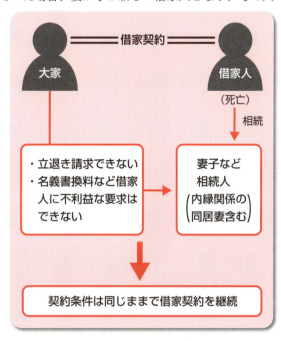

結論は同じです。居住用の賃貸物件は、**亡くなった借家人と同居の事実上の夫婦や養親子にも借家権の承継を認めています**（借地借家法36条）。内縁の奥さんだからといって、立退きを求めることはできません。

　ただし法律上、**内縁関係が保護されるのは、相続人がいない場合**だけです。相続人が他にいる場合、内縁の奥さんには借家権を承継する権利はありません。この場合、借家人の死を機会に契約を終わらせたい大家さんの中には、同居していない相続人と交渉し、借家契約の終了を承諾させ、同居人に立退きを迫る強引な方法をとる場合もあると聞きます。

契約を終わりにできないのはわかりましたが、名義書換料は取れませんか。

転貸などにより借家権を譲渡する場合、大家さんは名義書換料を請求できます。しかし、相続による借家権の移転は譲渡ではありません。相続人や同居人は借家権や居住権の移転について、そもそも大家さんの承諾は不要です。

　大家さんは、名義書換料の請求はできません。また、家賃値上げなど借家人に不利益になる契約内容の変更も、当然要求はできないのです。

亡くなった借家人は１人暮らしで、家賃を半年分滞納していましたが、身寄りは隣町に住む妹さんだけです。妹さんに滞納家賃を請求できますか。

亡くなった借家人が遺言で、妹さん以外を遺産の受遺者に指定している場合を除けば、妹さんが法定相続人です。遺産放棄をしない限り、妹さんに滞納家賃を請求できます。

ココがだいじです！

借家人が死亡しても、相続人がいると借家契約を解除できない。同居人が内縁の奥さんでも追い出すのは原則無理。
名義書換料の請求や借家人側に不利な条件変更の申入れもできない。

アパートを相続したが、借家人を追い出して自分が住みたいが

15 大家さんが代わっても借家契約は変わらない

大家さんが亡くなり、その相続人の1人（または数人が共同）がアパートを相続した場合、法律上は相続人が新しい大家さんとして、元の大家さん（被相続人）と借家人との間の借家契約を引き継ぎます（下図参照）。

借家人はこれまで通りの借家条件で、アパートに住み続けることができ、一方、新大家さんの相続人は借家人に対し、建物所有者の変更を理由に貸室からの退去・明渡しを求めることは許されません。

父親から母と私が相続したアパートは木造2階建ての2階部分で、1階部分は両親が自宅として使っていたので、母親がそのまま相続しました。私は、妻子と別の町に住んでいます。母親は高齢で一人暮らしさせるのは心配なので、相続した建物を売って、私たちと一緒に暮らさないかと誘っているのですが、母親は住み慣れた自宅を移りたくないと言うのです。

そこで、私が妻子とアパートの2階に引っ

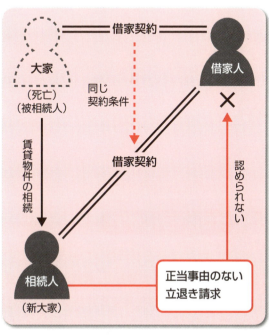

越し、母親の面倒を見たいと思います。こういう場合でも、借家人には立ち退いてもらえませんか。

これまでに何度も説明しましたが、借家人に家賃滞納などがない場合には、大家さんが借家人に、一方的に貸室からの立退きを求めることはできません。法律上、大家さんが借家人との契約を解除し、貸室からの退去・明渡し請求ができるのは、借家人側が家賃滞納などで大家さんとの信頼関係を著しく損なっている場合や大家さん側に**正当事由がある**場合に限られます。

「母親の面倒を見る（介護する）」という理由が、この正当な事由に当たるかどうかは、借家人側の事情がわからないのでハッキリ申し上げることはできませんが、**立退料を出すことで正当事由を補完することは可能**ではないかと思われます。

借家人に事情を話し、引越し代を含めた立退料を提示して交渉したらどうでしょうか。もっとも、借家人が立退きを拒否した場合、裁判を起こすしか方法はありませんが、勝訴できるとは限りません。

アパートを相続した場合、そのことを借家人に伝えたり、契約書を書き直す必要はありますか。

大家さんが変わることに借家人の同意は不要なので、契約書の書き換えまではしなくてもいいでしょう（次回更新時には、新しい大家さんの名前で借家契約を結ぶ）。ただし、家賃の入金口座が変更になる（被相続人の口座が閉鎖されるなど）こともあるため、新大家さんから借家人に相続で所有者が変更した事実を明記した「通知書」や「覚書」を送るといいでしょう。

ココがだいじです！

相続により大家さんが代わっても、借家人との借家契約は変わらない。

新大家さんは相続を理由に、借家人に対し、立退き請求はできない。

新大家さんは、相続で貸主が変わったことを借家人に通知する必要がある。

第3章

借家人の契約違反に上手に対処する法

◎**無断転貸・用法違反・迷惑行為など契約違反をめぐるトラブルと解決手続き**

・契約条項を守らない借家人は追い出せるか
・無断で又貸ししている借家人は追い出せるか
・ペット禁止を無視する借家人は追い出せるか
・勝手に増改築した借家人は追い出せるか
・無断で民泊をするなど用法違反の借家人は追い出せるか
・他人のプライバシーを侵す借家人を追い出せるか…など12項

契約条件を守らない借家人は追い出せますか

1 信頼関係損なう重大な違反なら契約を解除できる

借家契約（建物賃貸借契約）は、大家さんと借家人（当事者という）の約束です。当事者が約束を守らない場合には違反者に対し、契約違反で違約金支払いや契約解除による立退きなどペナルティーが課せられることもあ

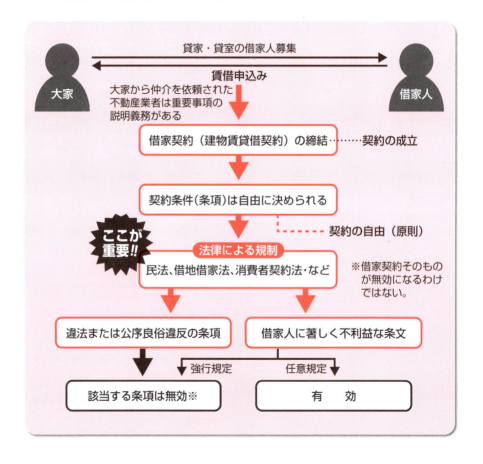

ります。

借家契約は、どんな内容の契約を結んでもいいんですか。

はい。**契約自由の原則**といって、契約を結ぶかどうか、どんな契約（形式・内容）にするかは、当事者が自由に決められます。これは、所有権の尊重、自己責任の原則と並んで、**民法の三大原則**の一つです。

だったら、私に有利な契約内容にすればいいですよね。何かあったら、すぐ契約違反で借家人を追い出せるように…。

残念ながら、答えはＮＯです。大家さん側に一方的に有利な契約、言い換えれば借家人側に著しく不利な特約（契約条項）を結んでも、その特約に違反したからといって借家人を追い出せません。
　たとえば、「大家さんが立退きを求めたときは、いつでも明け渡す」という特約は、借家人が同意しても、借地借家法や消費者契約法に反し、無効です（第２章８項参照）。

契約内容は自由に決められるんじゃないんですか。

「契約は自由」と言っても、どんな契約内容でも認められるというわけではありません。それが、**民法、借地借家法、消費者契約法などに抵触する場合、抵触する契約条項は無効**になります（任意規定は除く）。たとえば、**公序良俗違反の特約、借家人に著しく不利な特約は原則無効**です（前頁図解参照）。

特約が無効の場合、借家契約そのものも無効になりますか。

チャートで見る 【契約違反行為と大家さんの対応】

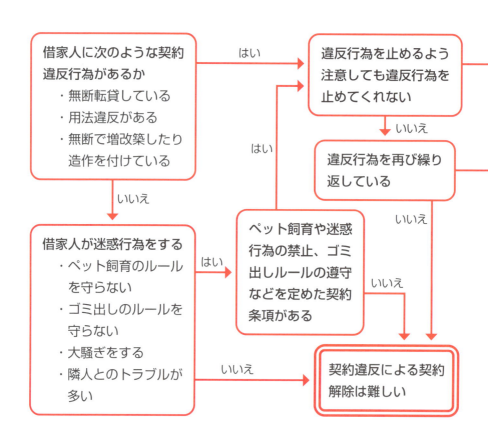

いいえ。そんなことはありません。その特約（契約条項）が無効になるだけで、借家契約そのものは有効です。

借家人が有効な契約条項に違反した場合に、大家の私は無条件で借家契約を解除できますか。

いいえ。大家さんは、借家人が契約条項に違反したからといって、いきなり契約解除はできません。また当然、立退き要求も認められません。大家

契約解除（解約）できるとき、できないとき

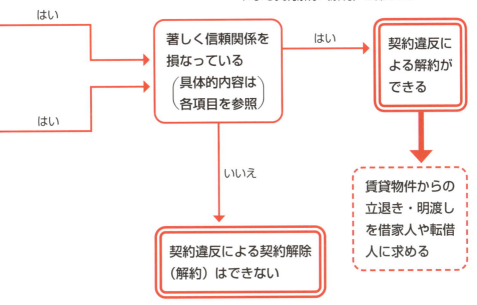

　さんは契約違反に気づいたら、借家人にまず違反状態を止めるように要求（催告）し、それでもまだ違反状態を続ける場合に、借家人が信頼関係を損なったとして、初めて契約解除の請求ができます（同時に立退きを求める）。

　たとえば、第１章２項（１回の家賃不払いで借家人を追い出せるか）でも説明しましたが、「１か月でも家賃を滞納したら何ら催告を要せず賃貸借契約を解除できる」という特約を結ぶことは自由です（契約条項そのものは法律上、無効ではないということ）が、実務上は家賃滞納を理由に無催告で契約を解除することはできません（裁判所も認めません）。

107

滞納家賃の支払いを催告しても、借家人が家賃を払ってくれない場合に、大家さんは初めて契約解除ができ、同時に、借家人に立退きを求めることができるのです。

家賃滞納などの違反行為を止めるよう催告し、それでも借家人が違反行為を止めなければ、契約解除できるんですね。

いいえ。必ず解約できるとは限りません。その違反行為が大家さんとの信頼関係を著しく損なうような重大な違反でなければ、契約解除は認められないとされています。

契約書に無催告解除の条文を入れても、あまり意味なさそうですね。それとも、無催告解除できるような重大な契約違反とかがあるんでしょうか。

はい。ケース・バイ・ケースですが、無断転貸した場合や用法違反（居住用としてマンションを借り、大家さんに無断で民泊を始めたり店舗を開いたりするなど）の場合には、無催告でも借家人に契約解除と立退きを請求できると思います。
　しかし、無催告解除ができるほど重大な違反かどうか、外観を見ただけでは判断が難しい場合もあります。違反行為を中止するよう一度は催告し、相手が応じない場合に初めて、契約解除を通知することをお勧めします。

ココがだいじです！

借家人が契約違反をしたからといって、契約を解除し、立退きを求められるのは、信頼関係を損なう重大な違反があった場合だけ。
借家人が承諾すれば、どんな契約条項を結ぶのも自由だが、借地借家法や消費者契約法に違反する契約条項は無効になる。

無断で又貸ししてる借家人を追い出せますか

2 借家人との契約を解除し転借人には立退きを求めることができる

借家人が大家さんの承諾なしに、貸家・貸室を第三者に又貸し（転貸借という）することは、法律で禁止されています（民法612条1項）。この場合には、大家さんは通常、無条件で契約を解除できます（同条2項）。家賃滞納による契約解除と違って、催告も不要です。

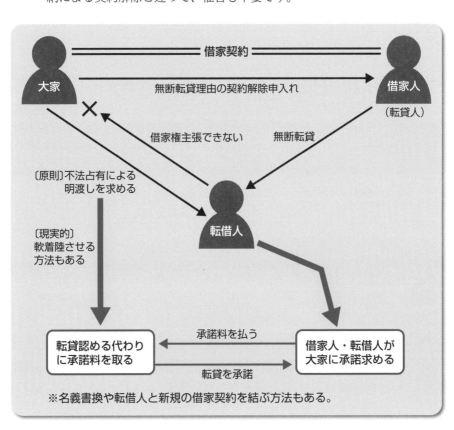

※名義書換や転借人と新規の借家契約を結ぶ方法もある。

具体的には、どんな手続きが必要ですか。

大家さんとしては、無断転貸した借家人に対して、**無断転貸を理由に契約解除**を申し入れ、転借人には**不法占有を理由に部屋の明渡し**を求めたらいいでしょう（前頁図参照）。

　もちろん、大家さんが又貸しを承諾していれば、転借人は借地借家法により保護されます（同法34条）。しかし、大家さんの承諾がない又貸しの転借人は無権利者です。当然、借家権を主張できません。

私が所有する賃貸マンションに、借家人から又貸しを受けたという知らない男が住んでいます。男は、借家人から私の承諾を取ったと聞いていると言いますが、私は承諾した覚えはありません。

　無断転貸した借家人には腹も立ちますが、今のところ家賃は借家人の名でキチンと入っていますので、このまま放っておこうかと思っています。放置するのは、まずいですか。

はい。あなたが、その又貸しを承諾する（**追認する**という）ならともかく、無断転貸の事実を知ったのに、借地人に問いただすこともせずに黙っていることは問題です。家賃は払われているようですし、そのまま放っておくと、大家さんが承諾したとみなされる場合もあります。

　又貸しを認めないなら、借家人（転貸人）との契約を解除して、転借人に立退きを求めるべきです。

無断で又貸しされても、契約解除ができない場合ってありますか。

あります。形式的には無断転貸借でも、大家さんとの**信頼関係を損なう背信行為に当たらない**場合です。最高裁が、「**無断転貸借がなされても、賃貸人に対する背信行為と認めるに足りない特段の事情があるときは、賃貸人は賃貸借を解除できない**」という判断を出しており、この考え方が、無断

転貸借による大家さんの契約解除権を制限する判例として確立しています。

契約解除できない特段の事情って、どんなことですか。

たとえば、学校に通う弟や妹、甥姪など親族を一室に間借りさせたり、長期出張中に留守番代わりに貸した場合などです。また、営業用店舗の賃貸で、借家人の営業形態（個人から法人に変わる）や名称が変更したような場合も、これに当たるでしょう。こういう場合は、借家人が大家さんの承諾を得ないで又貸ししていても、信頼関係を損なう背信行為とは言えません。大家さんとしては、無断転貸を理由とする契約解除はできないのです。

背信行為にあたる又貸しだったら、借家契約をいきなり契約解除してもいいんですね。

かまいません。ただ、とりあえず借家人と転借人から転貸借の経緯や無断で転貸借した事情を聞くことをお勧めします。事情によっては、転貸借を追認した方がいい場合もあるからです。
　というのは、借家人との契約を解除し、転借人に立退きを求めても、相手がおとなしく出てくるとは限りません。力づくで追い出す自力救済はできませんし、結局は明渡し訴訟を起こすしかありません。裁判となれば、解決には長い時間と費用がかかります。
　また、転借人を追い出しても、次の借家人がすぐ決まるとは限りません。ただ、闇雲に契約解除すればいいというものでもないのです。

無断転貸借を追認する場合、どうすればいいですか。

一般的には、①現在の転借人を、借家契約の借家人に替える**名義書換（借家権の譲渡）**、②借家人はそのまま**転貸借自体を認める**方法、そして③転借人と**新規の借家契約**を結び直す方法、などがあります。

111

個人的な見解ですが、無断転貸借を追認するなら（現在の転借人の居住を認めるということ）、今の借家人との契約を解除し、改めて転借人と新規契約を結び直す方が面倒はないと思います。

転貸借を承諾した場合、名義書換料や承諾料を取れますか。

取れます。新規契約の礼金分程度の金額を目安とすればいいでしょう。

無断でアパートを又貸しされましたが、転借人は良さそうな人で、追い出すのも気の毒です。転貸借を認めようと思いますが、実は借家人が家賃を滞納しています。転借人から取れませんか。

残念ながら取れません。転借人は借家人の地位を承継するわけではないからです。これが名義書換（借家権の譲渡）なら、この転借人は借家権の譲受人（第二の借家人）で譲渡人（最初の借家人）の地位を承継します。つまり、その権利義務も引き継ぐので、大家さんは滞納家賃を取ることができます。

転貸借の場合、契約期間はどうなりますか。

元の借家契約の契約期間を引き継ぎます。たとえば、２年契約で、半年経過している場合には、転借人が借りられる期間は１年半です。

ココがだいじです！

又貸しに気づいたら放置せず、すぐ借家人に事情を確認し、追認か契約解除かを決めること。承諾料を取って転貸借を認めてもいい。
借家人には契約違反で契約解除、転借人には不法占有による立退きを求める。

ペット禁止を無視する借家人を追い出したいのですが

3 使用条件違反で立退きを求めることができる

賃貸マンションやアパートでも、犬猫などの飼育を認めるところが増えています。しかし、糞尿の臭い、部屋の傷みが激しいなどの理由で、熱帯魚や小鳥などの小動物以外はペット禁止という賃貸住宅も少なくありません。この場合には、借家契約書（建物賃貸借契約書）に**ペット禁止の特約**

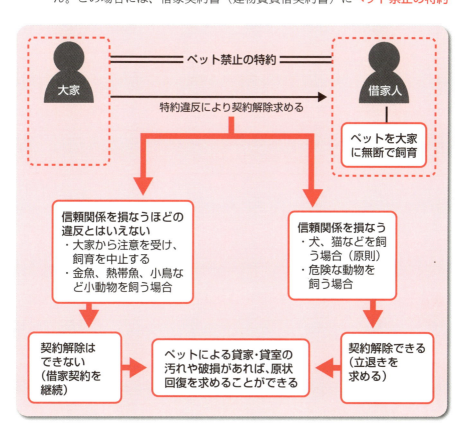

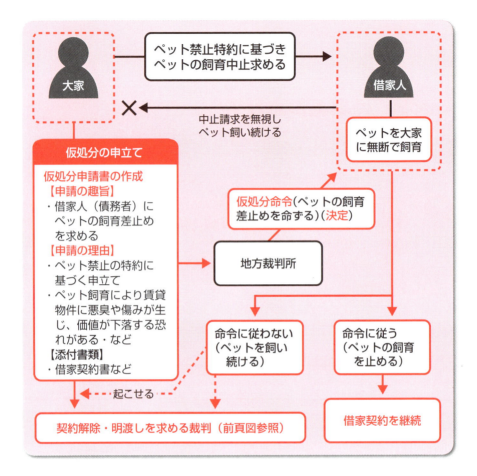

が入っていますが、借家人の中にはその特約を無視して犬猫などペットを飼う人もいて、大家さんや隣室・隣人とトラブルになるケースも珍しくありません。

ペット禁止の特約を破った借家人は追い出せますか。

ペット禁止の特約には、「違反すると無催告で契約を解除する」という文言が入っているのが普通です（4章1項・借家契約書のサンプル参照）。ペットを飼うのは契約違反ですから、大家さんは契約を解除し、借家人に対し

立退きを請求できます。ただし、前項の無断転貸借と比べ、裁判所が無催告解除を認める可能性は低いと思います。借家人がペットを手放した場合、契約解除まではできないでしょう（113頁、前頁図参照）。

契約解除がダメなら、どうすればいいですか。

ペット飼育差止めを求める仮処分申立てや裁判が起こせます（前頁図参照）。特約がある以上、裁判所が差止めを認める可能性は高いと思います。借家人が裁判所の命令に従わなければ、今度こそ契約解除と明渡しを求める裁判を起こせます（命令に従えば借家契約は継続）。もっとも、ペット禁止が売りの賃貸住宅でなければ、立退きの際の原状回復義務を明記した差入書や念書を借家人から取って、**ペット飼育を追認**するのも1つの解決法です。

猫を飼っていた借家人が立ち退きましたが、貸室の床や壁はボロボロ、部屋には糞尿の臭気が充満して、このままでは他の人に貸せません。部屋の修理代やクリーニング代を借家人に請求できますか。

できます。借家人には、借りている建物を傷めずに使用する義務（**保管義務**という）がありますので、契約期間の終了などにより建物から立ち退く場合には、元の状態にして大家さんに返還しなければなりません（原状回復義務）。よって、大家さんは無断飼育の問題とは関わりなく、借家人に対し原状回復を求めることができ、かかった修理代やクリーニング代を請求できます。

ココがだいじです！

ペット飼育禁止の特約があれば、無断飼育に対して契約解除も要求できるが、まず飼育中止を求めること。飼育を中止すれば、借家契約を継続させる。特約があっても原状回復の念書を取り、ペット飼育を認める解決法もある。

勝手に増改築した借家人を追い出したいのですが

4 工事を止めずに放っておくと増改築を承諾したことになる

一般的に、借家契約の契約書には、大家さんの承諾なしに増改築や大修繕、造作の加工取付けを禁止する条項が入っているのが普通です（4章1項・借家契約書のサンプル参照）。無断増改築された場合、大家さんは借家人への催告なしに契約を解除し、立退きを要求できます。

ただし、話合いで解決せず裁判になった場合には、裁判所が必ず契約解除を認めるとは限りません。

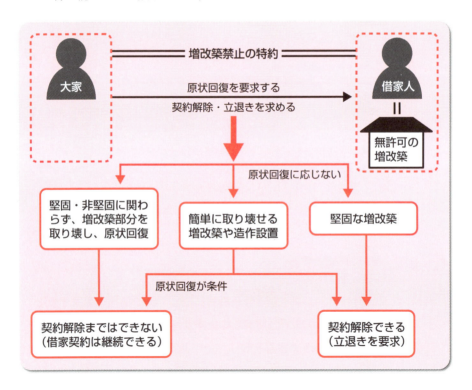

裁判所が契約解除を認めるのは、どんなときですか。

借家人の無断増改築が、大家さんとの信頼関係を損なうような場合です。たとえ契約違反があっても、信頼関係が壊されたとまでは言えない場合には、裁判所は契約解除を認めません。

信頼関係を損なう場合とは、具体的には、どんな場合ですか。

借家人の無断増改築が大家さんとの信頼関係を損なうかどうかは、個別に判断するしかありません。一般的には、**増改築の必要性、原状回復の容易度、増改築に伴う従来物件の破損の有無、増改築による付加価値の有無、その他を総合的に判断**して決められます。

　たとえば、取壊しの容易な非堅固な建物を増築するより、堅固な建物を増築した方が信頼関係を損なうとみなされる可能性が高く、契約解除は認められやすいでしょう（前頁図解参照）。

賃貸マンションを経営していますが、借家人の1人がベランダに無断で部屋を増築したんです。私は直ちに借家契約を解除し、借家人には貸室から立ち退くよう申し入れました。もちろん、増築部分を取り壊し、部屋を元に戻すよう要求したのは言うまでもありません。

　ところが、借家人は増築部分を取り除いただけで、そのまま部屋に居すわっていて、一向に立ち退いてくれません。それどころか、「元に戻したのだから契約違反ではなくなった」と言います。

　こういう場合、大家の私は契約解除できないんですか。

無断で部屋を増築したのですから、借家人が契約違反をしたことは間違いありません。大家さんとしては、その借家人に対し、無断増改築を理由に契約解除を求めたのは正しいと思います。

　とはいえ、相手の借家人は立退きには不同意のようですから、このまま

話合いを続けてもダメなら、最終的には**契約解除並びに明渡しを求める裁判**を起こすしかないでしょう（強引に追い出す自力救済は禁止）。

しかし、裁判を起こしても、必ず借家人を貸室から追い出せるとは限りません。借家人の契約違反が、大家さんとの信頼関係を著しく損なったと判断されれば契約解除は認められますが、そこまでは至っていないと判断されると、裁判所は契約解除を認めてはくれないのです。

あなたのケースでは、借家人は増築部分を撤去し原状回復したのですから、信頼関係を損なうまでには至っていないと判断するのが妥当でしょう。よって、裁判を起こしても契約解除までは認められないと思われます。ただし、借家人が増築部分の撤去を拒否した場合は、契約解除が認められます。

無断増改築を理由に契約解除しました。借家人は立ち退くから増改築費用を払えと言いますが。

法律上、大家さん側に無断増改築の費用を払う義務はありません。ただし、払うと立退きがスムーズにいきます。もっとも、払う場合でも、その金額は増改築にかかった実費ではなく、時価でいいでしょう。

借家人が部屋を無断で増築しました。増築を認めるつもりはありませんが、いきなり契約解除するのも気が引けます。こういう場合、借家人の増改築を放っておくと、まずいですか。

大家さんが放っておくと、借家人の増改築を追認したとみなされる場合もあります。増改築を認めるつもりがなければ、とりあえず増改築部分の原状回復を求める内容証明郵便を出しておくことです。契約解除するかどうか、考える時間は稼げます。

借家人が勝手に増築工事を始めました。今から裁判を起こしても、判決が出るまでに工事自体が終わってしまいます。工事を止めさせるには、どうすればいいですか。

裁判所に、**工事差止めの仮処分**を申し立てます。

仮処分はこのケースのように、本裁判をしていては間に合わないという急を要する場合によく使われる手続きです（**不作為を命ずる仮処分**という）。裁判所に、申請の趣旨、申請の理由などを記載した「増改築差止め仮処分申請書」を、借家契約書などの疎明資

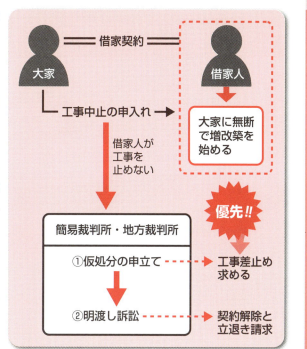

料とともに提出すると、概ね1週間程度で、裁判所から仮処分命令が下ります。これで工事を中断させ、その後で契約解除の本裁判を起こします。

ただし、この仮処分の申立て手続きは大家さん本人でもできますが、借家人の対応によっては、本裁判を起こすことになりますから、事前に弁護士など専門家に相談することをお勧めします。

 ココがだいじです！

増改築禁止の特約があれば、無断増改築をした借家人には契約解除と立退きを請求できる。借家人が原状回復した場合には契約解除までは認められない。
無断増改築を放置すると、増改築を追認したとみなされることもある。

近所迷惑な借家人を追い出すことができますか

5 注意しても迷惑行為を続けるなら契約解除も可能

隣り近所とのトラブルといえば、かつては敷地の境界や通行権など相隣関係と日照権でした。しかし最近では、ペットやゴミ出し、生活騒音が主流で、法律問題というより、むしろマナーに関わる紛争です。

私が所有するアパートの借家人の1人が、他の部屋の住人やアパートの周辺の住人に何かと迷惑をかけるので困っています。

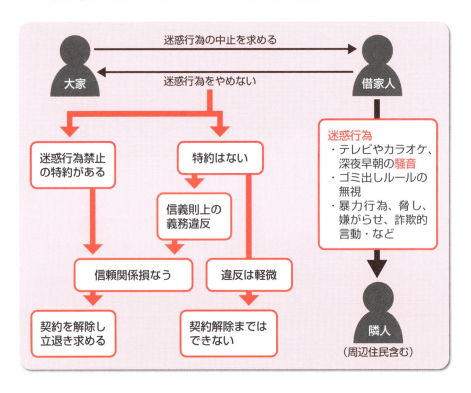

たとえば、ゴミ出しルールを守らないとか、アパートの廊下や玄関先の路上で顔を合わせた相手に悪態をつくなど、ささいなことですが、こんな理由で借家人を追い出せませんか。

一般的に、ペット飼育（本章3項参照）や深夜の生活騒音については、迷惑行為として禁止する特約を結ぶことが多いようです（前頁図参照）。この場合には、特約に違反した借家人に対し、大家さんは信頼関係を損なったとして契約解除することが認められます。

しかし、ゴミ出しのルール違反や隣人に悪態をつくというだけでは、迷惑行為として禁止する特約があっても、契約解除までは難しいと思います。

もっとも、大家さんが何度注意しても、借家人がそれらの行為を改めないという場合は、たとえ特約がなくても、借家契約に基づく信義則上の義務違反があり、信頼関係を損なったとして、借家人に対し契約解除を求めることができるのではないでしょうか。

私が注意したら借家人は一応、迷惑行為を止めましたが、彼のこれまでの言動から考えると、もう二度とやらないだろうと信じることはできません。迷惑行為を禁じた特約に違反したという理由で、契約解除できますか。

いいえ、できません。いくら禁止する特約があっても、注意したら迷惑行為を止めたという借家人に対してまで、特約

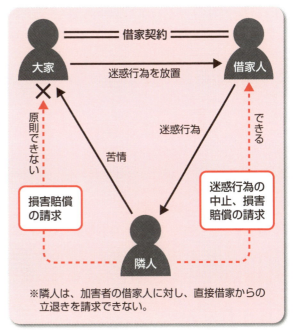
※隣人は、加害者の借家人に対し、直接借家からの立退きを請求できない。

違反を理由に契約解除することは認められないと思います。

　ただし、前にも説明しましたが、大家さんから注意されると、とりあえず迷惑行為を止めはするが、しばらくすると、また同じ行為を繰り返すような借家人なら、契約解除できる場合もあるのではないでしょうか。

私の所有するアパートの借家人の1人が、深夜遅くまで騒ぐので、近所から「迷惑だ」と、私のところにクレームがきます。隣人には「注意しておく」と答えますが、借家人には顔を合わせれば、「気をつけてください」くらいのことは言いますが、クレームがあったことを一々伝えることはしません。

　放っておくと問題ですか。

近所からのクレームを放置したからといって、借家人の迷惑行為で大家さんが訴えられることはまずありません（借家人が訴えられることはある。前頁図解参照）。ただし、アパートの借家人に対する周辺住人や他の借家人からのクレームには、大家さんは「自分には無関係だ」と放っておくことはせず、トラブル解決のため誠意を持って対応することです。

　なお、大家さんが、貸家・貸室がヤミ賭博や違法な性風俗店に使われてるのを黙認した場合には、犯罪の共犯として摘発されることもあります。

ココがだいじです！

隣人や周辺住民に迷惑をかける借家人は、その迷惑行為を注意しても止めないときは、契約を解除し、立退きを求めるといい。
借家人の迷惑行為について、隣人や周辺住民からクレームがあった場合、大家さんは真摯な態度で対応をする必要がある。

1人で住む約束なのに同棲していますが、契約を解除できますか

6 特約があっても契約解除できることはマレ

借家契約では、居住用か業務用か、その使用目的を決め、契約書にその旨を明記するのが普通です（次項参照）。また、居住用の場合は、その賃貸住宅に住むことを認める人数（居住員数または常住人員などという）も明記

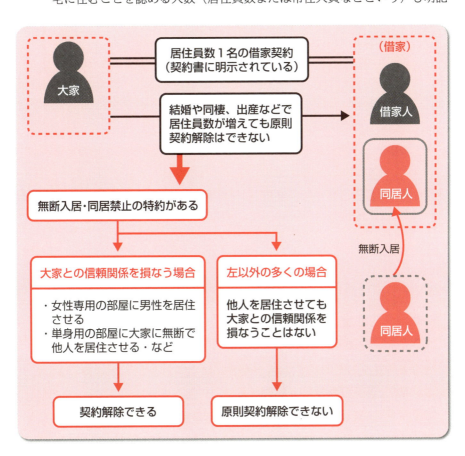

することがあります。たとえば、契約書に「居住員数1名」と明記すれば、その建物に住めるのは通常、契約した借家人1人で、大家さんの承諾を得ずに、それ以外の人を同居させると、契約違反です。

アパートの1室を「居住人員1名」の約束で貸した借家人が、最近になって無断で同棲していることがわかりました。契約違反で追い出せませんか。

契約違反であることは間違いありません。しかし、居住員数違反は、たとえ無断入居・同居禁止の特約があっても、信頼関係を損なうとして契約を解除し、立退きまで求められる場合は、そう多くないのです（前頁図解参照）。

そのアパートの貸室が十分2人で暮らせるような広さがあり、他にも夫婦や家族で住んでいる住人がいるような場合、同棲を理由に契約解除することは難しいと思います。裁判所も、その請求をまず認めないでしょう。

なお、2人で住むのを認める代わりに、家賃値上げや承諾料など金銭的な請求もできません。部屋の構造や面積、隣室との関係から1人しか住めないなど特別な事情がある場合を除けば、大家さんが同居を拒否したり、承諾料を請求するのは権利の濫用で、法律上は許されないと考えます。

女性専用アパートで、契約書に、「親兄弟でも異性を泊めない」という特約が入っています。その場合でも、男性を泊めた借家人を追い出せませんか。

女性専用がセールスポイントですから、男性が宿泊しているのは、経営上、大きなマイナスです。この借家人は当然大家さんとの信頼関係を損なっていますから、契約解除し、立退きを請求できるのは言うまでもありません。

ココがだいじです！

居住員数違反は契約違反だが、一般的には信頼関係を損なうとまでは言えないので、契約解除まではできない。
女性専用の特約があれば、男性を居住させる借家人は原則追い出せる。

住居として貸した部屋なのに学習塾として使っているのですが…

7 黙っていると用法違反を認めたことになる

借家契約を結ぶときには、借家期間（期間のない場合も含む）、契約終了後の更新の有無、家賃とその支払方法、そして使用目的（居住用か、業務用か）は、必ず決めなければなりません。

実際には、この他様々な特約を結びますが、この4項目は、当事者（大家さんと借家人）と賃貸物件の表示とともに、借家契約書（建物賃貸借契約書あるいは貸室賃貸借契約書などという）に最低限盛り込まなければな

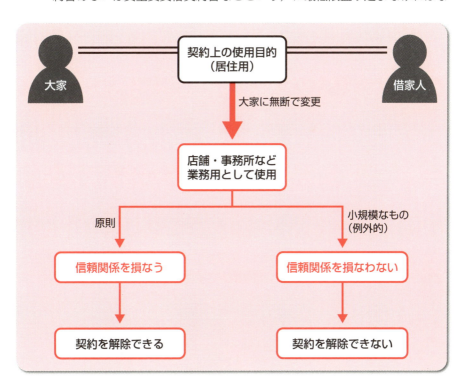

125

らない項目です（具体的な契約条項は4章1項の借家契約書サンプル参照）。

私は、借家人が「自宅として使う」と言うので貸しましたが、実際にはこの貸家に、借家人は住んでいません。それどころか、私に断りもなく学習塾として使っています（無断で「民泊」を開いたケースを本章11項に紹介）。

居住用の約束に反して、業務用に使っているのは、明らかに契約違反ですから、私は借家人との借家契約を解除し、この貸家を明け渡してもらいたいのですが、契約解除できますよね。

あなたは、住居として貸したのに学習塾に使われているのですから、これは明らかに使用目的違反（**用法違反**ともいう）で、借家人に対し、契約違反を理由に契約を解除し、立退きを要求できます。

なお、大家さんが違反の事実を知りながら何の対応もしないと、使用目的の変更を黙認したとみなされることもあるので注意してください。

使用目的違反があれば、必ず契約解除できますか。

これまでも説明してきましたが、借家人の契約違反による契約解除が認められるのは、その違反行為や違反内容が**大家さんとの信頼関係を著しく損なった場合**だけです。信頼関係が損なわれたかどうかは、特約条項の有無、これまでの経緯、大家さんが違反行為の中止の申入れや催告をしたかどうか、大家さんと借家人双方の事情などを考慮して判断します。

使用目的違反があっても、契約解除できない場合があるんですね。

はい。居住用として貸したのに借家人はそこには住まず、その貸家や貸室を事務所や店舗として使っている場合は、一般的に信頼関係を損なってい

ると判断できるでしょう。この場合には、契約解除が認められます。

　しかし、借家人がその建物で暮らしていて、少人数の生徒を集め茶道教室や華道教室、学習塾などを開いているというケースでは、たとえ大家さんに無断でも信頼関係を損なうとまでは言えず、契約解除は難しいでしょう。

　もっとも、業務用に使うため、その貸家・貸室を大家さんに無断で改築・改造しているような場合は、たとえ借家人がその建物に居住していても信頼関係を損なっているとして、契約解除できる場合もあると思います。

いきなり契約解除してもかまいませんか。

かまいません。ただし、裁判にまでもつれ込んだ場合、大家さんが借家人に対し違反使用を止めるよう申し入れた（催告した）という事実は、信頼関係を損なったかどうかの判断において、大家さん側に有利に働きます。

　大家さんとしては、いきなり契約解除をするのではなく、まず「使用目的違反だから、業務用として使うのは中止してほしい」と、申入れ（催告）をすべきです。申入れは口頭でもかまいませんが、相手が応じない場合には、内容証明郵便を利用すると、後々申入れをした証拠として使えます。

借家人が使用方法を元に戻した場合でも、契約解除できますか。

できません。借家人がその申入れを受け入れて違反使用を止め、原状回復をして居住用に使うようになれば、契約解除することは難しいでしょう。

ココがだいじです！

居住用を業務用に使う使用目的違反は原則契約解除ができる。
使用目的違反でも居住の傍らでする小規模なものなら、借家人は例外的に契約解除を免れる。

他の借家人のプライバシーを侵害する人を追い出したいのですが…

8 中止要請に従わない借家人は契約解除し立退きを求める

他人のプライバシーや秘密にはまるで興味がないという人は、少数派です。しかし、興味があるからといって、相手に無断で、あるいは強引に、他人のプライバシーや秘密をのぞき、暴き出すことは許されません。プライバシーを侵害すると、相手方から不法行為による損害賠償を請求される

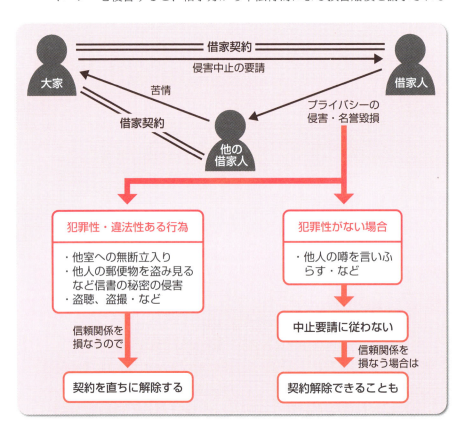

ことがあります（民法709条）。その言動が相手の名誉を毀損した場合も同様です。このようなトラブルは、借家人同士の間でも起こります。

借家人の中に、他の借家人の郵便物を勝手に見たり、電話を盗み聞きしたりする人がいて困っています。こういう借家人は追い出せませんか。

郵便ポストから郵便物を取り出して勝手に見たり、盗聴や盗撮することは、刑法などの法律や各自治体の迷惑防止条例に抵触する場合があります。このような犯罪性・違法性が強い行為が、信頼関係を損なうことは明らかです。この場合、借家人との契約を直ちに解除できると思います（前頁図解参照）。

他の住人のプライバシーや悪口を言いふらす借家人を追い出せませんか。

契約書に、他の借家人のプライバシー侵害を禁止する条項まで入れることはまれです。また、たとえ禁止特約があっても、違反した借家人との借家契約を、いきなり解除するのは難しいでしょう。
　ただし、借家人にプライバシー侵害や名誉毀損に当たる言動を止めるように求め、それでも中止しない場合には、大家さんとしては、契約を解除し、立退きを求めることは必要です（裁判所が立退きを認める可能性は低い）。

借家人の1人にプライバシーを侵害されたという苦情を放っておいたら、被害者が相手の借家人だけでなく、大家の私にも損害賠償を請求してきました。私にも、賠償義務がありますか。

あくまで借家人同士の問題ですから、大家さんが損害賠償責任を負う必要は通常ありません。しかし、苦情が出たらそのまま放置せず、プライバシーを侵害したと指摘された借家人に事実関係を確認し、侵害の事実があれば、それをすぐに中止するよう求めるべきです。

ところで、私たち大家も借家契約を結ぶ際、借家人となる相手の個人情報を聞き取るなど、借家人の個人情報やプライバシーに触れる機会が少なくありません。その取扱いで注意しなければならないことがありますか。

基本的には、借家人同士の問題として話したことと同じです。大家さんも、借家人のプライバシーを侵害したり、相手を誹謗中傷するようなマネはしてはいけません。ネット上に、借家人の写真や個人情報を無断で投稿すると、プライバシーの侵害だとして損害賠償を請求させることもあります。

　なお、プライバシー以外にも、大家さんは借家人の個人情報を知る立場にあります。その取扱いには、注意が必要です。第三者に漏らしてはならないのはもちろんですが、第三者に漏れないよう、借家契約の際に知り得た借家人の個人情報（氏名、生年月日、電話番号の他、病歴など。個人識別符号も含む）について、厳重に保管し、管理する必要があります。

大家が借家人の情報を第三者に漏らした場合、罰則はありますか。

あなたが個人情報取扱事業者であれば、個人情報保護法違反に問われる可能性はあります（法179条。1年以下の懲役または10万円以下の罰金。なお、法人の場合は両罰規定適用。1億円以下の罰金。法184条1項1号）。個人情報データベースを扱う業者は取扱件数に関わりなく規制対象です。たとえば、借家人の個人情報を、個人を特定しない形で性別や年齢、職業などの情報（**匿名加工情報**という）をビッグデータとして提供する場合には、個人の大家さんでも、個人情報取扱事業者となります。いずれにしろ、借家人の個人情報やプライバシーの扱いには注意してください。

ココがだいじです！

犯罪性が強い場合は即時契約解除を求め、他の借家人の安全を図ること。他の借家人の悪口や噂話はつつしむよう忠告し、それでもダメなら契約を解除し、立退きを求めることも必要。

元住人が合鍵で侵入し、被害にあった借家人から賠償請求されたのですが…

9 立退き時に合鍵の回収を怠ると大家が損害賠償責任を負うことも

借家人が立ち退く場合、大家は貸家・貸室の鍵は合鍵も含め、すべて回収しなければなりません。1つでも回収を忘れると、その鍵が悪用されることもあります。そのため、最近は、借家人が替わるたびに、鍵を替える大家さんも多いようです。

回収忘れの合鍵が使われ、新しく入居した借家人に被害が出た場合、大家は賠償責任を負いますか。

はい（次頁図参照）。大家さんには、借家人が賃貸物件を使用収益できるようにする管理義務があります。大家さんが過失で合鍵の回収を忘れ、借家人が窃盗などの被害にあった場合、借家人から**管理義務違反**による損害の賠償を求められると、大家さんは借家人の損害を賠償しなければなりません（被害全額を賠償しなければならないということではない）。

こういうトラブルをなくすためには、どうすればいいですか。

もっとも安全、確実な対策は、借家人が退去するごとに、貸家・貸室の鍵を替えることです。玄関の鍵だけでなく各部屋の窓の鍵なども壊れていないか確認し、破損個所はキチンと補修してから次の借家人に貸してください。
　この事例のように管理義務違反を問われるようなリスクを考えたら、大家さんとしては、物件の保守費用はケチらないことです。

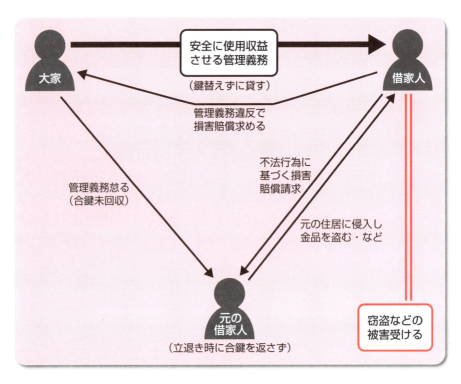

替える鍵の費用を退去する借家人からもらえますか。

掃除費用などと違い、たとえ借家契約書に、「借家人は退去する際、鍵の交換費用を支払う」という特約を入れていても、借家人に払わせるのは難しいと思います。ただし、借家人が入居時に渡した鍵の一部を紛失しているような場合には、交換費用を請求できます。

ココがだいじです!

借家人の立退き時には必ず合鍵を回収すること。未回収のまま事故が起こると被害を受けた現在の借家人から損害賠償を請求されることもある。
借家人が替わるときはドアの鍵を替えた方がいい。

借家人が暴れて壁を壊したが、弁償してもらえるでしょうか

10 かかった修繕費用は借家人に請求できる

大家さんには、借家人が貸家・貸室を使用収益できるようにする管理義務があります。立ち退いた前の借家人から鍵を回収することもそうですが（前項参照）、雨漏り、外壁の破損、窓の破損や欠陥、建具の破損などにより借家人が貸室などの使用に支障をきたす場合、大家さんは原則として、必要な修繕をしなければなりません（民法606条1項本文）。

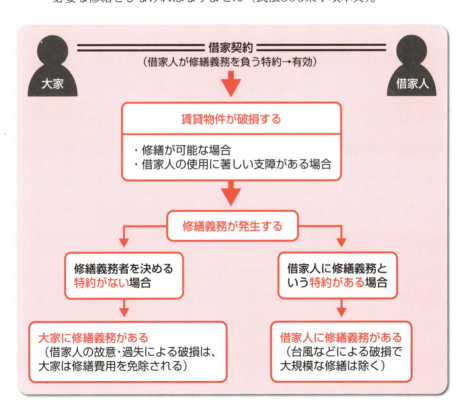

ただし、この修繕義務を借家人に負わせる特約は有効です（台風や地震が原因の大規模な修繕を除く）。もちろん、特約で費用も借家人に負担させることもできます（前頁図参照）。

こんな借家人に不利な特約を結んでも、法律的に大丈夫なんですか。

借地借家法ですね。詳しくは、次章で説明しますが（4章2項参照）、貸家・貸室の修繕義務については強行規定ではありません。借家人負担とする特約を結ぶことも認められるのです。

私が所有し、管理するアパートでは、借家人が酔って暴れ、貸室の壁や窓、建具の一部を壊してしまいました。ところが、その借家人は自分の不始末なのに、大家の私に修繕しろと言います。
　契約書には、どちらが修繕義務を負うか取り決めた特約条項はありませんが、こういう場合には借家人が修繕すべきじゃないんですか。

はい。大家さんには、借家人が必要な使用収益ができるよう貸家・貸室を**維持管理する義務**があると言いましたが、暴れて壊した部分の修繕は当然、借家人がすべきです。借家人に修繕するよう請求できます。
　以前は、借家人が修繕義務を負うという特約がない限り、たとえ借家人の故意・過失による破損でも、大家さんが修繕義務を負うことになっていました。しかし、2020年4月1日施行された改正民法では、「破損原因が借家人にある場合には、大家さんの修繕義務を免除する」旨の規定が明示されたのです（法606条1項ただし書き。次頁条文参照）。

請求をしても借家人が修繕に応じないので、大家の私が修繕しようと思います。この場合には、その修繕費用は借家人に請求できますよね。

もちろんです。ご質問の場合には、修繕しないと貸室の使用に著しい支障が出ると思われます。借家人が修繕に応じなければ、大家さんはすみやか

に破損個所の修繕をすべきでしょう。もちろん、原因は酔って暴れた借家人にありますから、かかった修繕費の実費は、借家人に請求できます。

先日の台風で、貸家の屋根瓦も一部割れました。特約で、「借家人が修繕義務を負う」と定めてあるので、借家人に急いで直すよう求めたのですが、借家人は一向に直そうとしません。どうすればいいですか。

借家人に修繕義務を負わせる特約は、有効です。ただし、修繕義務の範囲は、貸家・貸室の使用に伴って起こる破損で、通常予測できるものに限ります。台風や地震など自然災害による大規模な破損まで、借家人に負わせることはできません。この場合には、原則に戻り、大家さんが修繕義務を負います。

　なお、貸家は大事な資産ですから、借家人が修繕をしない場合には特約がどうであれ、大家さんが修繕をすべきです。借家人に修繕義務がある場合には、後日かかった費用を請求できます。あなたの場合も、大規模修繕に当たるかどうかはっきりしませんが、まず屋根を修繕した方がいいでしょう。

【参考】
民法606条①　賃貸人（大家）は、賃貸物の使用及び収益に必要な修繕をする義務を負う。※ただし、賃借人（借家人）の責めに帰すべき事由によってその修繕が必要となったときは、この限りでない。
（※ただし書きの部分は、令和2年4月1日から施行）。

ココがだいじです！
借家人に修繕義務を負わせる特約も有効。
借家人の故意・過失による破損は、大家さんが修繕した場合には、かかった費用を借家人に請求できる。

3章　借家人の契約違反に上手に対処する法

135

住居として貸したのに勝手に民泊をしているので、契約解除したいが

11 用法違反で契約解除し明渡しを求められる

住居として貸したのに、借家人が大家さんに無断で店舗や事務所にした場合には、大家さんは**用法違反で借家契約を解除**し、借家人に貸家・貸室からの立退き（退去・明渡し）を求めることができます。

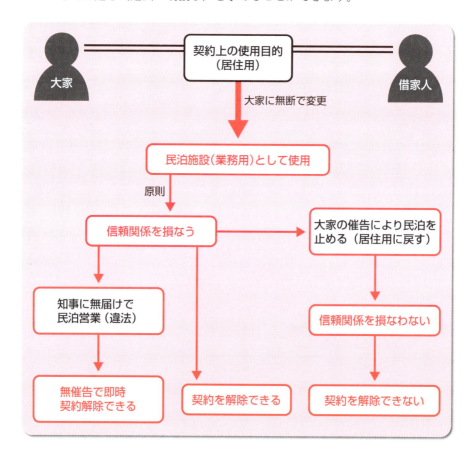

民泊も収益を目的とした事業ですから、住居（居住用）として借りた借家人が、大家さんに無断で民泊施設（業務用）にすることは契約上認められません。大家さんは、本章7項で紹介した学習塾のケースと同様、用法違反として契約解除できます。

家族と住むと言って、私が所有する賃貸マンションを借りた借家人が、その部屋を民泊施設にして、旅行者を泊めていることがわかりました。
「居住用として貸したのに勝手に民泊に使ってもらっては困る」と、民泊を止めるよう求めましたが、借家人は「仕事の関係で引越しが少し遅れるので、その間、民泊にしているだけだ」と言います。
期間は半年程度だというのですが、黙認していてもいいですか。

黙認すると、大家さんが使用目的の変更を認めたと判断される場合もあり、後々用法違反で契約解除しようとしても、認められない可能性があります。それに、借家人は「半年程度」と期限付きの営業と弁明しているようですが、半年後に引っ越してくる保証はありません。

民泊を止めてくれるなら契約解除までは考えていないという場合、借家人に「引っ越してくるまでの営業で、半年後に民泊を廃業する」という内容の差入書や念書を書いてもらう方法もあります。しかし半年後に、まだ越して来ずに、このまま民泊を続けると言われると、借家人に民泊営業を止めさせたり、契約解除するには裁判を起こすしかありません。

しかも、裁判を起こしたからといって、裁判所が契約解除を認め、借家人に立退きを命じてくれる保証はないのです。

借家人に用法違反があれば、必ず契約解除できるわけじゃないんですか。

借家人の契約違反による契約解除が認められるのは、その違反が**大家さんとの信頼関係を著しく損なった場合**だけです（信頼関係が壊れたかどうかは、特約条項の有無、これまでの経緯、大家さんが違反行為の中止を催告したかなど、当事者双方の事情を考慮して判断）。

もっとも、居住用として貸したのに、借家人が住まずに、店舗や事務所として使っている場合には、一般的に「信頼関係を損っている」と判断でき、契約解除が認められるでしょう。たとえば、あなたの借家人が住むつもりがなく、最初から民泊として使っているような場合です。知事に住宅宿泊事業者（民泊事業者）の届出をし、住宅宿泊事業法（民泊法）や自治体の条例で規定された設備などを大家さんに無断で設置したような場合には、明らかに用法違反で契約解除が認められると思います。

　しかし、実際に仕事の都合で引越しが遅れているという場合、著しく信頼関係を損っているとまでは言えず、契約解除は難しいでしょう。なお、この借家人が半年と期限を区切ったのは、民泊事業者が年間180日以内しか営業できないことを知っているからかもしれません（次頁142頁コラム参照）。

たとえ半年でも、不特定多数の宿泊客が貸室を使うと、他の借家人や周辺の住民とトラブルが起きないとも限りません。やはり黙認はしたくありませんし、できれば契約解除したいです。何か、いい方法はありませんか。

民泊事業は、知事への届出が必要です（民泊法3条）。この借家人が無届けで民泊を営業している場合、その行為は犯罪性・違法性があると言えるため、本当に仕事の都合で引越すのが遅れている場合でも、大家さんとの信頼関係を著しく損ねていると判断でき、即時契約解除できると思います。

　なお、この借家人が民泊営業を止め、設備などを取り外して原状回復して居住用として使う場合には、契約解除はできません。

ココがだいじです！

居住用の貸室を民泊に使うのは用法違反なので、原則契約解除ができる。用法違反の賃貸物件で、なおかつ無届けで民泊を営業している場合には即時契約解除が可能である。

近所迷惑な宿泊客の多い借家人の民泊業者を追い出すことができますか

12 宿泊客の迷惑行為を止めない民泊業者の借家人は契約解除ができる

　民泊は、民間住宅の空家や空室の解消にも役立つと言われます。貸家・貸室の空きに悩む大家さんの中にも、前項と違い、最初から借家人が民泊事業をやるとわかっていて貸すことはあると思います。この場合には、借家契約書の使用目的は「業務用」です。前項の借家人のように短期間だけ民泊営業をする場合、使用目的を「居住用」のままにして黙認することも可能ですが、民泊に使うことが分かっているなら使用目的を変更しておく方が当事者双方にとって無難でしょう。もちろん、黙認している場合も、大家さんが用法違反で契約解除できないことは言うまでもありません。
　ところで、民泊の場合、その賃貸物件には特定の居住者ではなく、不特定多数の宿泊者が出入りします。そのため、他の借家人や周辺の住民との間に生活騒音やゴミのポイ捨てなどのトラブルが起き、大家さんも巻き込まれる可能性があります。

　住宅街にある一軒家を民泊業者（**住宅宿泊事業者**という）に貸しましたが、その民泊を利用する宿泊者が夜遅くまで騒いだり、翌朝、出立の際、ゴミなどを貸家の前の道路に無造作に捨てていくため、周辺の住人から大家の私のところにクレームがきます。
　借家人に、キチンと宿泊者に注意をして周辺住民に迷惑をかけないようにしてほしいと求めたのですが、「ネット上に、マナーやルールなどは記載してある。悪いのは、それを守らない宿泊者だ。家賃はキチンと払ってるんだ。一々文句を言うな」と、取り合ってくれません。
　周辺住民からのクレームも無視しているようですし、困っています。周囲に迷惑をかけるという理由で、契約解除できませんか。借家契約には、

「民泊事業者である借家人は宿泊者に対し、深夜の生活騒音やゴミ出しについてのルールを十分説明し、その内容を遵守するよう指導し、周辺住民に迷惑行為をかけないように営業する」という内容の特約を入れてあります。

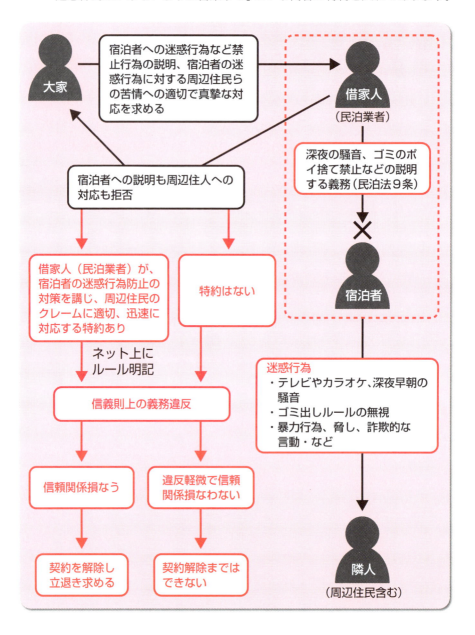

この借家人は迷惑行為禁止の特約に違反していますから、大家さんは、信頼関係を損なったとして契約解除することが認められます。しかし、ゴミ出しのルール違反や生活騒音だけでは、迷惑行為として禁止する特約があっても借家人が契約解除や退去・明渡しに応じない限り、契約解除までは難しいと思います（前頁図参照）。

ただし、大家さんが何度注意しても、借家人が宿泊者の迷惑行為に適切な対応を取らないという場合、たとえ特約がなくても、借家契約に基づく信義則上の義務違反があり、信頼関係を損なったとして、借家人に対し契約解除を求めることができるのではないでしょうか。

なお、民泊業者は、宿泊者に対し、周辺地域や住民に迷惑をかけないよう深夜の騒音禁止やゴミ出しルールについて必要な説明をすること（住宅宿泊法９条）、また周辺住民からのクレーム（苦情）には適切かつ迅速に対応すること（法10条）が義務付けられています。宿泊者への説明については、一応ネット上に掲載しているようなので、必ずしも規定違反とはいえませんが、周辺住民からのクレームは無視しているようですから、苦情処理の義務には違反していると言えます。

借家人の民泊業者が必要な対応をしてくれないため、宿泊者の迷惑行為で悩む周辺住民の中には、民泊の差止めや迷惑行為による損害賠償を求める裁判を起こそうという話があるそうです。大家の私も訴えられますか。

基本的に、借家人の迷惑行為で大家さんが訴えられることはまずありません。ただし、大家のあなたは周辺住民からのクレームさえなくなれば、契約解除までは望んでいないと思われます。借家人への周辺住人や他の借家人からのクレームや苦情に対しては放置せず、大家さんとして注意したり、借家人と周辺住民との間を仲介をするなどトラブル解決のためそれなりの対応をすることは必要です。

たとえば、借家人である民泊業者の監督官庁（知事）に法令違反があると通報し、行政指導や改善命令を出してもらったらどうでしょうか。

行政の指導や命令なら、借家人も必要な対策を講じるはずですし、宿泊者の迷惑行為がなくなれば、周辺住民のクレームも収まるはずです。

民泊豆知識

●設備や衛生面など一定の要件さえクリアすれば 「民泊」は届出だけで開業できる

　日本政府観光局によると、2023年（令和5年）1年間の訪日外国人旅行者は2,500万人と、ほぼコロナ前の水準（2019年3,188万人）まで快復しました。また、2024年も7か月連続過去最高を更新し、増加傾向です。

　これら訪日客など旅行者を民間の空家やマンション・アパートの空室に宿泊させる「民泊（住宅宿泊事業）」は、2019年（平成31年）6月、全国で解禁されました。2024年（令和6年）9月現在、事業者は2万6,000件余です。なお、民泊事業は一般の旅行業に比べ、規制が緩和されていますが、そのルールは、住宅宿泊事業法（民泊法という）や各自治体の条例で定められています（自治体によっては、営業禁止地区や営業禁止日時などの規制や制限もある）。

　民泊法の事業者への主な規制内容は、次の通りです。
・開業には都道府県知事への届出が必要（法3条。旅館業法が適用される一般旅館は知事の許可が必要）
・営業日数は年間180日以内（法2条3項）
・民泊事業者には、宿泊者の衛生の確保（法5条）、宿泊者の安全の確保（法6条）、外国人観光客である宿泊者の快適性および利便性の確保（法7条）、宿泊者名簿の備付け（法8条）などを義務付け（旅館業法の適用を受ける一般旅館とほぼ同じ）

　具体的には、一部屋に宿泊させられる人数の制限、定期的な清掃や寝具の洗濯など衛生面での確保、非常用照明設備の設置や避難経路の確保など災害や火災の際の宿泊客の安全の確保、外国人観光客向けの設備等の使用方法や交通アクセスを説明する外国語の案内書を用意しておくこと、また宿泊者名簿の備付けなどです。

　この他、事業主は宿泊客に対し、騒音やゴミのポイ捨て禁止など、周辺住民とのトラブルを避けるためのルールやマナーを説明する義務があります（法9条）。

ココがだいじです！

他の借家人や周辺住民に迷惑をかける宿泊者を管理できない民泊業者の借家人は、契約を解除し、立退きを求めるといい。

民泊業者の借家人へのクレームには、大家さんも適切な対応をすること。

第4章

有利に借家契約を結ぶ法

◎基礎知識から特約条項まで借家契約をめぐるトラブルと解決手続き

・借家契約をするときどういう点に気をつければいいか
・畳や壁の自然な損耗も借家人に直させたいが
・敷金を返さない特約は有効か
・更新のない借家契約の結び方はどうすればいいか
・3か月だけ家を貸したいがどうすればいいか
・アパートを相続したが借家人との契約内容を変えられるか…
　　など15項

借家契約をするときはどういう点に気をつければよいですか

1 契約内容をキチンと説明しないと借家人とトラブルになることも

 借家人の募集、契約（貸家・貸室賃貸借契約）事務、トラブル処理から管理まで、実務すべてを不動産業者（宅地建物取引業者）に任せきりという大家さんもいます（管理業務のみ賃貸住宅管理業者に任せることも可）。

●借家契約の流れ（不動産業者に仲介を依頼しているとき）

借家人の募集（広告）
- 誇大広告の禁止（宅地建物取引業法32条）
- 重要事項について事実と異なる内容を告げ、または消費者に不利益な情報をわざと（故意）または大きなミス（重大な過失）で告げない（消費者契約法4条）

↓

見学・問合せ

↓

重要事項の説明
- 重要事項説明書交付による説明（書面が原則だが、相手方の承諾があれば、電磁的方法でも可）（宅地建物取引業法35条）
- 借家人は契約を取り消せる

↓

借家契約の締結
- 消費者に著しく不利な特約（消費者契約法8条〜10条）（借地借家法の強行規定違反）
- 特約が無効に

↓

賃貸物件の引渡し

不動産業者（宅地建物取引業者）に遵守する義務がある

しかし、貸家・貸室など賃貸物件は大家さんにとって大事な資産ですし、そもそも家賃収入で暮らしを立てているのですから、やはり借家契約の流れや法律上の基礎知識は一通り知っていてほしいと思います。

借家契約の流れって、どうなっているんですか。

借家契約の流れは、**募集（広告）→　見学・問合せ　→　説明　→　契約　→　引渡し**、となります（前頁図解参照）。ここで大事なのは、借家人（予定者）への説明です。具体的には、使用目的や契約期間、更新の有無、家賃、ペット飼育禁止かどうかなど、借家契約（借家契約書）の内容を詳しく説明する必要があります。宅地建物取引業法は宅地建物取引業者に対し、契約内容を詳しく記載した**重要事項説明書を借家人（予定者）に交付して説明することを義務付けています**（法35条1項。借家人の承諾があれば、書面の代わりに電磁的方法も可。同条8項）が、この義務は、宅地建物取引業者でない大家さんには課されません。しかし、大家さんが直接貸すような場合、キチンと説明しないと、後からトラブルになりがちです。

契約の中身を説明する以外にも、借家契約を結ぶ場合に注意しなければならないことがありますか。

借家人の見極めです。大家さんは家賃収入で暮らしを立てていますし、大切な資産を貸すのですから、家賃を滞納する人や貸家・貸室を乱暴に扱ったり、むやみに汚す人には貸したくないでしょう。また、深夜遅くまで騒いだり、ゴミ出しのルールを守らずに、他の借家人や周辺住民とトラブルを起こす人は入居させたくないはずです。

しかし、借家契約を結ぶ相手が、家賃をキチンと払ってくれるか、物件をきれいに使ってくれるか、契約時に見極めるのは意外に難しいのです。

私がマンションの管理を任せる不動産業者は、会社員や公務員など安定した職業の人しか入居させないと、約束してくれています。契約の際、勤め

先の社員証や給与明細で確認しているそうです。こういう基準で選んだ相手だけに貸してもらえば、安心だと思いますが。

本当にそうでしょうか。たしかに、勤め先や収入は借家人を選ぶ一つの目安にはなります。しかし、大企業の社員でも家賃滞納する人もいますし、他の借家人や周辺住民とトラブルを起こす人もいて、必ずしも、安定した勤め先や高収入の人が大家さんにとって望ましい借家人とは限りません。

　大家さんの中には、すべてを不動産業者任せにしてしまい、借家人の顔も知らないという人もいますが、少なくとも契約時には借家人に会って、自分の目で貸して大丈夫な相手かどうかを判断することです。

借家契約の契約書には、どんな内容を書けばいいんですか。また、契約書に押すハンコは、実印でないとダメですか。

契約の当事者（大家さんと借家人）、賃貸物件の所在・構造・専有面積、使用目的、賃貸期間と更新の有無（更新料）、家賃、敷金とその返済条項、禁止行為、契約解除の理由などを記載します（次頁サンプル参照）。連帯保証人には必ず実印で押印してもらい、印鑑証明書も徴収してください。また、借家人にも可能な限り実印による押印を求めるべきです。

　なお、不動産契約のデジタル化を全面解禁する改正宅地建物取引業法が、2022年（令和4年）5月18日施行され、重要事項説明書の書面交付は、借家人の承諾があれば、電磁的方法で提供できるようになりました。また、借家契約も電子契約が可能です。この場合、記名押印の代わりに電子署名を使い、また契約書は電子ファイルにより保存します。

ココがだいじです！

借家契約の契約書には、どんな特約を入れてもかまわない。ただ、違法な内容や公序良俗違反、借家人に著しく不利な特約は、借地借家法、消費者契約法で無効とされる場合もある。

【サンプル】一般的な普通借家契約の契約書 （→定期借家契約書は本章9項）

4章 有利に借家契約を結ぶ法

貸室賃貸借契約書

> 「建物賃貸借契約書」や、「契約書」と書いてもいい。

賃貸人山田太郎を甲、賃借人田中一郎を乙として、甲乙当事者間において、後記記載の部屋（以下「本件室」という）につき、次のとおり賃貸借契約を締結する。

第1条（目的）

乙は本件室を居住の目的にのみ使用するものとする。

> 居住人数を決めた場合、ここに「定住人数2人」などと書く。

第2条（賃貸期間および更新）

①本件賃貸借の期間は令和×年6月5日から令和△年6月4日までの2年間とする。

> 1年以上なら自由だが、1年未満だと期間のない契約になる。

②期間満了6か月前までに甲乙双方から何ら申し出がないときは、この契約は、期間満了の日から満2年間更新されるものとし、以後も同様とする。

③乙は甲に対し、本契約を更新するときは、更新料として新家賃の1か月分相当額を支払う。

> 更新料をもらうには必ず書くこと。

第3条（賃料）

①賃料は、1か月6万5,000円とし、乙は毎月末日限り、翌月分の賃料を甲の指定する銀行口座に振り込んで支払う。振込料は乙の負担とする。

> 賃貸期間とともに必須条項。前払いはその旨を、また支払方法の明示も忘れずに。

②令和△年6月分の賃料については日割計算として、乙は同年5月末日限り、4日分8,664円（1日当たり2,166円）を支払うものとする。

第4条（敷金）

①乙は、敷金として賃料2か月分に相当する金13万円を交付するものとし、本日、甲はこれを受領した。

②賃料の増減または④項の弁済充当により、前項の敷金に不足が発生した場合には、乙は、甲の請求がある場合には、直ちにその不足額を充当しなければならない。

> 敷金については民法622条の2に規定がある。③の項目も忘れずに。

③①項の敷金は無利息とする。

④甲は、賃貸借期間中といえども、敷金をもって、乙の甲に対する延滞賃料債務、損害賠償債務、その他本件賃貸借から発生する一切の債務の弁済に充当できるものとし、本契約終了後、乙から本件室の明渡しを受けると同時に、その残額を返還する。

　　乙の側から敷金を持って延滞賃料と相殺することはできない。◀ ‥‥‥

⑤甲は、乙が本契約終了または契約解除により本件室を退去する場合、乙に上記④項の債務がなくても、敷金の25％を差し引くことができる。◀ ‥‥‥

第5章（禁止行為）

乙は、次に掲げる行為をしてはならない。

①本件室に対して、増築、改築、大修繕、造作加工をなすこと。

②賃借権の譲渡、転貸または実質的にこれらと同視できる行為。

③本件室（ベランダ、共用部分を含む）内で、小動物（小鳥、金魚・熱帯魚などの小型魚類）以外のペットを飼育すること。◀ ‥‥‥

第6条（契約解除）

乙が次の各号の1つに該当したときは、甲は何らかの通告、催告をしないで、本件賃貸借契約を解除できる。

①賃料支払いを1か月以上怠ったとき ◀ ‥‥‥

②第4条②項による敷金不足額の支払いを怠ったとき

③第5条に違反したとき

④その他、相互の信頼関係を著しく害すると認めるに至ったとき

第7条（損害賠償債務）

乙またはその家族（家族以外の同居人を含む）の故意または過失により本件室を滅失または毀損したときは、乙はその損害を賠償する義務を負う。

借家人側から滞納家賃などの債務を敷金から差し引くよう要請できないことが民法に明記されている（法622条の2第2項後段）。

借家人退去時に、敷金や保証金から一定額を差し引く契約（敷引き契約）の場合、契約書に同様の条項を明記する必要がある。

禁止行為は具体的に書く。ペット飼育禁止、ゴミ出しルール破りや騒音での隣人に対する迷惑行為禁止などを必要に応じて書いておくとよい。

家賃滞納による無催告解除は裁判で認められていないが、警告になる。
なお、④項も必ず入れておくこと。

第8条（負担の分担）

①甲は、本件室のある建物の公租公課を負担する。

②乙は、本件室の電気、ガス、水道についての使用料を負担する。

③畳の表替え、建具の張替え等の小修繕費用は、乙の負担とする。

借家人に小修繕を義務付ける特約は有効（最高裁・平成17年12月16日判決）。

第9条（造作買取請求権の排除）

乙は、本契約が終了し、明渡しをする場合、甲の承諾を得てなした造作、加工を含めて、乙がなした造作加工はすべて収去し、原状に復して返還する。

この特約を入れないと、大家さんは契約終了時に承諾した造作を時価で買い取らなければならない。

第10条（連帯保証人）

連帯保証人田中花江は、家賃1年分の金額を限度に本件賃貸借契約から発生する乙の一切の債務を保証し、乙と連帯して履行の責任を負う。

連帯保証契約は、法改正により極度額を記載しなければ効力がないとされたので、契約書に連帯保証人の極度額を記載すること。

第11項（管轄の合意）

本契約に関する紛争については、甲の居住地を管轄する裁判所を管轄裁判所とすることに、甲乙当事者は合意する。

賃貸物件が遠方にある場合でも、大家さんは裁判を自宅所在地の裁判所で争えるので有利。意外に大事な特約。

上記のとおり契約が成立したので、本書2通を作成し、記名押印の上、甲乙1通を保有する。

令和×年6月5日

賃貸人（甲）　　住所

山田太郎　㊞

賃借人（乙）　　住所

田中一郎　㊞

連帯保証人　　　住所

田中花子　㊞

連帯保証人には実印で押印を求め、印鑑証明も必ず提出させること。

賃貸物件の表示（省略）

物件の住所（集合住宅は名称、階数、部屋番号も）、構造、広さなどを正確に書くこと。

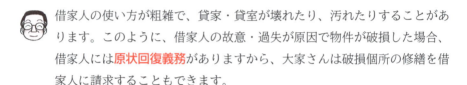

畳や壁の自然な損耗も借家人に直させたいのですが…

2 借家人に修繕費を負担させる特約は有効だが、ハードルは高い

借家人の使い方が粗雑で、貸家・貸室が壊れたり、汚れたりすることがあります。このように、借家人の故意・過失が原因で物件が破損した場合、借家人には**原状回復義務**がありますから、大家さんは破損個所の修繕を借家人に請求することもできます。

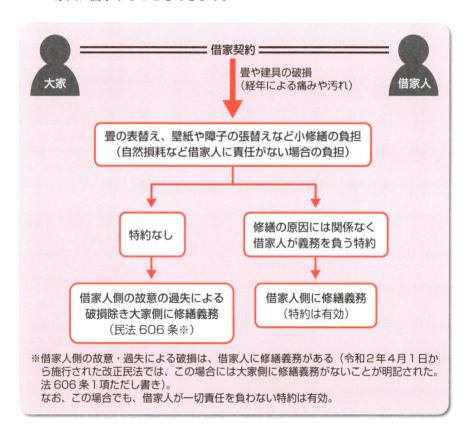

※借家人側の故意・過失による破損は、借家人に修繕義務がある（令和2年4月1日から施行された改正民法では、この場合には大家側に修繕義務がないことが明記された。法606条1項ただし書き）。
なお、この場合でも、借家人が一切責任を負わない特約は有効。

もちろん、借家人が一切修繕義務を負わないとの特約を結ぶことは可能ですが、大家さんがそんな特約することは、通常まずありません。

借家人に故意・過失がない場合は、どちらが修繕費を出すんですか。

年月が経たこと（**経年**という）による汚れや傷みなど、**通常使用による自然損耗は大家さんに修繕義務があります**。

自然損耗分の修繕費を借家人負担とすることができますか。

できます（前頁図参照）。たとえば、畳の表替え、壁や障子の張替えなどの小修繕について、その原因に関わりなく、借家人に修繕義務を負わせる特約を結べば、大家さんは修繕義務を免れることができます。

借家契約書にその特約を入れておくと、自然損耗についても借家人に修繕や修繕費の負担を要求できるんですね。

はい。特約がなければ、経年や通常の使用による劣化や損耗についての修繕義務は大家さんにありますが、修繕費の負担については、**強行規定**ではないので、**借家人にとって著しく不利な内容の特約でも有効**なのです（前項普通借家契約書8条3項参照）。
　ただし、裁判所の考え方は少し違います（次項参照）。

強行規定って何ですか。

契約では、法律の規定と異なる取決めをすることがあります。たとえば、借家人が大家さんの承諾を得て付けた造作は、法律では契約終了時、大家さんが時価で買い取る決まりです（借地借家法33条）。もっとも、この規

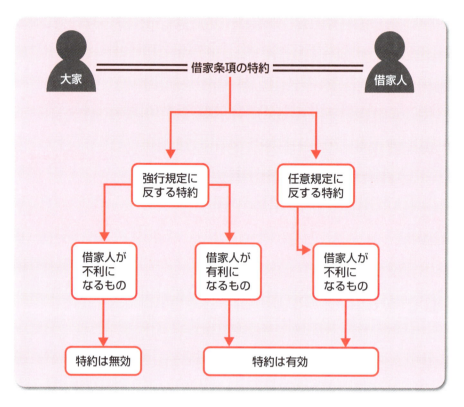

定は、**任意規定**ですので、買取りをしない特約を結ぶこともできます。

しかし、たとえば正当事由がなくても契約更新を拒絶できるという特約は認められません（同法28条）。このように借家人に不利な内容の特約を認めない規定を**強行規定**といいます。強行規定に反する特約は、たとえ借家人が同意して結んだとしても無効です（上図参照。同法30条、37条）。

なお、強行規定でも、借家人にとって有利になる特約は有効です。

ココがだいじです！

畳や壁の自然損耗の修繕義務を借家人に負わせる特約は有効だが、裁判になると認められない可能性も高い。

強行規定では、借家人に不利な特約は結んでも無効になる。

敷金を返さない特約は有効ですか

3 滞納家賃や損害分を引いて残りは借家人に返還するのが原則

借家契約を結ぶ際、家賃とは別に、借家人から**敷金**や**礼金**が支払われるのが普通です。**権利金**や**保証金**の場合もあります。敷金、権利金、礼金、保証金の性質は下図のようなものですが、実際に支払われた金銭がどの性質かは、その名称ではなく、借家契約の目的や契約期間、金額、その地域の

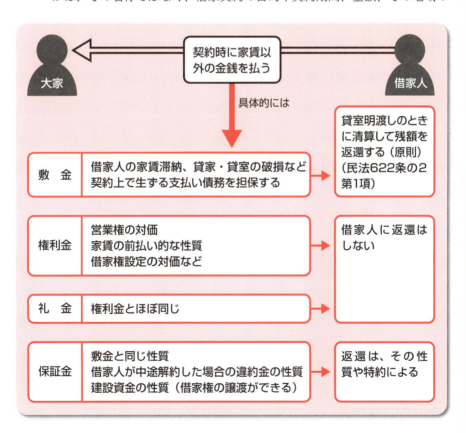

慣習などにより個別に判断するしかありません。

期間が終了（満了）し、借家人が明日、貸室を明け渡すので、敷金を返してほしいと言ってきました。敷金として家賃２か月分を預かっていますが、いくらぐらい借家人に返せばいいですか。

敷金は、家賃滞納など借家人の債務不履行を担保するため、入居時に借家人から預かった金銭です。礼金や権利金と違い、契約期間が終了したら、滞納家賃など借家人の大家さんに対する債務を差し引くなどして清算し、残金は借家人に返済しなければなりません。

　従来、民法や借地借家法には敷金についての規定はなく、2020年（令和２年）４月１日施行の改正民法で、初めて「敷金」の規定が明文化されたのです。条文には上記の他、契約期間中でも、滞納家賃など借家人の債務を敷金から差し引けることも明記されています（法622条の２）。

大家が敷金から取れるのは、滞納家賃の他には、どんなものがありますか。次の人に貸すにはトイレや風呂、床や壁、台所のシンクなど水回りをキレイにしなければなりません。部屋のクリーニング代は取れますよね。

最近は、借家人の退去時に、敷金からクリーニング代を差し引く大家さんが多いようです。しかし、原則から言うと、**敷金から差し引けるのは限定的**で、**滞納家賃**の他は、**借家人の故意・過失による破損個所の修繕費**などに限られます。クリーニング代を敷金から差し引くことは、借家人に原状回復義務があることを拡大解釈したもので、無効ではありませんが、本来は経年による自然損耗の修繕費同様、家賃から出すべき費用だということは覚えておいてください（次頁図参照）。

　大家さんがその経営効率上、ムダな出費をしたくないのはわかりますが、クリーニング代に限らず、滞納家賃と原因が借家人にある修繕費以外を敷金から差し引くつもりなら、入居時にキチンと説明をするか、その旨を特約に必ず入れておくことです。説明も特約もない場合には、借家人からその分の返還も求められることがあります。

実際に、この特約も説明もせずに、借家期間中に家賃滞納も貸室の破損もない借家人に対し、大家さんが「これが普通だよ」と言って、敷金（20万円）から3万円しか返さなかったところ、相手から敷金全額の返済を求める裁判を起こされてしまったそうです。結局、示談により解決ができたのですが、大家さんは借家人に敷金ほぼ全額を返すことになった上、借家人との交渉を頼んだ弁護士さんへの支払いもあり、儲かるはずが予想外の出費になったといいます。

2年近く貸すと、どんなにきれいに使っても、貸室の畳は色褪せ、壁は汚れます。敷金を返す際、畳替えや壁の塗替え費用を差し引けませんか。

方法はあります。具体的には、借家契約書の費用分担の条項に「畳の表替え、建具の張替え、その他小修繕費用は借家人の負担とする」という特約を入れておくことです。

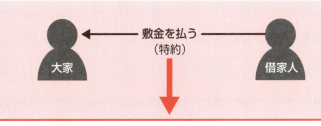

その際、敷金の条項に「敷金をもって、…その他本件賃貸借から発生する一切の債務の弁済に充当できるものとする」と入れて、滞納家賃や損害賠償金以外も敷金から充当できるように明記しておくと、より有効かと思います（本章１項・普通借家契約書サンプル４条④項、８条③項参照）。

通常の使用に伴う劣化や経年変化による汚れや傷み（自然損耗という）の修繕費用については、国のガイドラインでは大家負担を原則としていますが、入居時に、自然損耗の修繕費用も借家人の負担とし、契約終了時に敷金から差し引く特約を結ぶことは認められており、その特約は有効です。ただし、この特約の有効性を争う敷金返還訴訟も少なくありません。

裁判所は、この特約をどう考えているのですか。

特約そのものは無効ではない、としているようです。ただし、特約の成立を認めるハードルをかなり高くしており、通常使用による自然損耗の修繕費用は原則貸主負担とし、借家人に負担させる場合には、「借家人への具体的な説明と明確な合意が必要」としています（平成17年12月16日・最高裁判決）。

なお、借家人が退去する際、敷金や保証金から一定額を差し引く「敷引き特約」についても、最高裁は「差引額が不当に高額でなければ有効」とする判断をしています（平成23年３月24日判決、同年７月12日判決）。

ココがだいじです！

敷金から差し引けるのは、特約がなければ、滞納家賃や借家人の故意・過失による破損の損害や修繕費など、限定的。

自然損耗についても、その修繕費を借家人が払う特約は有効だが、裁判になると、必ずしも特約が有効と認められるとは限らない。

4 不足分は借家人に請求ができる

修繕費や滞納家賃を回収するには敷金が足りないのですが…

敷金は、借家契約で発生する大家さんの損害を担保する預かり金ということは、前項で説明しました。その清算時期は一般的に、契約期間が終了し借家人が物件を明け渡して立ち退くときです。その際、滞納家賃や損害金を差し引き残りは借家人に返済しますが、差引金額の方が大きいこともあります。この場合、足りない分は立ち退く借家人に別途請求できます（下図参照）。

立ち退く借家人が払ってくれない場合は、どうしたらいいですか。

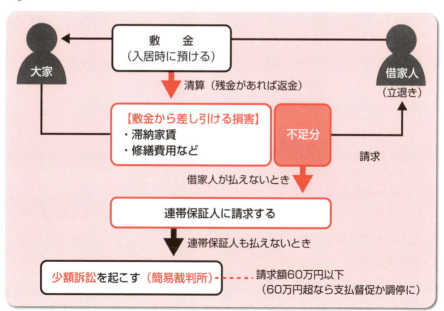

連帯保証人がいれば、連帯保証人に請求できます。この場合、必ず内容証明郵便で請求してください。口頭でするより、効果的です。

連帯保証人も払ってくれない場合は、泣き寝入りするしかないですか。

諦めることはありません。不足分が60万円以下なら、少額訴訟を起こしたらどうでしょう。手続きは簡単なので弁護士を頼まずともできます。

　まず、契約書を見てください。**裁判管轄**がどこか、契約書の最後の方に書いてあるはずです（本章１項・普通借家契約書サンプル11条参照）。通常は大家さんの住所地で、少額訴訟は**簡易裁判所**に訴えを起こします。手続きは簡単で、裁判所の窓口で所定の訴状の用紙をもらい、それに必要事項を書き込むだけです（ネットで訴状と書き方のサンプルをダウンロードできる）。

　訴状を書き込んだら、申立て費用（訴訟額上限の60万円でも6,000円）と連絡に使う郵便費用（当事者の数や裁判所により異なる）と一緒に、裁判所の窓口に提出します（契約書や入金通帳などのコピーも証拠として出す）。少額訴訟は１回の審理で判決が出ますから、手間もかかりません。

契約期間中ですが、修繕費を敷金から差し引きました。減った分は追加するよう言えますか。

大家さんは、滞納家賃や損害金をいつでも敷金で充当できます。その場合、借家人に対し、敷金の減額分を追加するよう請求できます。

ココがだいじです！

借家人が立ち退く際、滞納家賃や修繕費を差し引く敷金が足りない場合、不足分は借家人に請求できる。

契約期間中に、敷金から滞納家賃などを差し引いた場合、差し引いた金額分、敷金の補充を借家人に請求できる。

借家事故で大家の賠償責任を免除する特約は有効ですか

5 借家人が個人なら消費者契約法で無効になる

賃貸アパートの老朽化が進み、床が腐りかけていた。にもかかわらず、大家さんは床の修繕をせず、その結果、床が抜けて借家人が大けがを負ったとします。

　この場合、大家さんは必要な修繕および物件管理を怠ったという**注意義務違反**があり、借家人に対し、その損害を賠償しなければなりません。

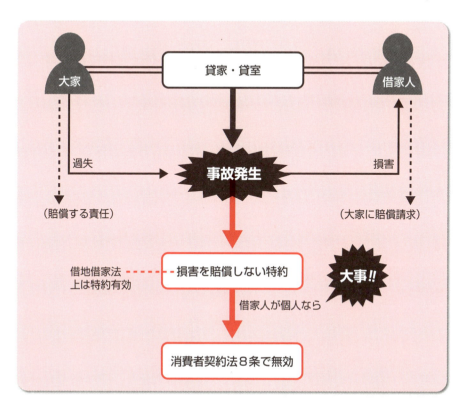

大家である私が、貸家・貸室で起きた事故の賠償責任を一切負わないという特約をすることはできませんか。

結論から言うと、賃貸物件での事故における大家さんの損害賠償責任を免除する特約は可能です。大家さんには、賃貸物件を借家人が使用目的に従って使用できるようにする義務があります。その義務を怠って事故が起きれば、大家さんは借家人に対し、事故により発生した借家人の損害を賠償しなければなりません。

　しかし、この事故による借家人の損害に対する大家さんの賠償義務は強行規定ではないので、当事者（大家さんと借家人）が合意さえすれば、事故による大家さんの損害賠償責任を免除する内容の特約は結べるのです。

この特約は、いつでも有効ですか。

いいえ。借家人が個人の場合には、消費者の権利を一方的に不利にするような契約条項は、たとえ借家人が承諾しても **消費者契約法** という法律で、禁止されています。もちろん、大家さんの損害賠償責任を免除する特約も、無効です（法8条。前頁図参照）。

消費者契約法って、どんな法律ですか。

一般消費者である個人（事業のために契約の当事者となる個人を除く）は、契約相手である業者と比べ、情報の面でも、また交渉力の面でも、明らかに劣ります。消費者契約法は、このような取引のプロとの格差を考え、消費者を保護するために作られた法律です。

　たとえば、業者の行為により消費者が内容を誤認して契約した場合、消費者はその契約を取り消せます。また、消費者に一方的に不利になる契約条項（特約）は無効です。

　この規定は、借家契約にも適用されます。

具体的には、どんな契約が取り消せて、どんな特約が無効になりますか。

事業として、反復継続的に貸家・貸室の賃貸業を営んでいる大家さん（または不動産業者）が、重要事項について借家人に事実と異なることを告げたり、借家人の不利益になる事実を故意に告げなかったため借家人（借家人も「消費者」になる）が内容を誤認して借家契約を結んだ場合は、借家人は契約を取り消せます（同法4条）。

また、借家人の承諾の有無にかかわらず、大家さんの債務不履行あるいは不法行為により発生した損害の賠償責任を免除する特約、借家人が契約解除する場合には法外な違約金を払わせる特約など、消費者である借家人が一方的に不利になる特約は無効です（同法8～10条）。

なお、借家契約は通常、大家さんの委託を受けた不動産業者（宅地建物取引業者という）が借家人との契約や交渉をすることが多いのですが、業者が事実と異なることを告げたり、不利益になることを告げられなかったため、誤認して借家契約を結んだ借家人は、この不動産業者に対しても、借家契約の取消しなどの責任を問えます（同法5条）。

ココがだいじです！

大家さんの損害賠償責任を免除する特約は、借地借家法上は有効。
ただし、借家人が個人で、大家さんが事業者（反復継続的に賃貸業を営んでいる者）の場合には消費者契約法により無効となる。

借家人だけをペット禁止にして、大家はペットを飼うことができますか

6 ペット禁止のマンションでも大家さんが飼うのは自由

大家さんの自宅も入った賃貸マンションでは、自宅でペットを飼っていながら、借家人のペット飼育は禁止するという大家さんもいます。不公平だと思う人もいるでしょう。

しかし、大家さんが、自分の所有するマンションの貸室だけペット飼育禁止にするのは自由です。

この特約は大家さんが借家人に義務付けるもので、大家さん自身のペット飼育まで禁じたものではありません。

私は、自宅マンションの1階から3階を賃貸しています。ところが、先月入ったばかりの借家人が、突然引っ越していきました。どうやら原因は、私が飼っているペットのようです。

今日になり、借家人から、「ペット禁止のマンションだというから入居したのに、大家がペットを飼っているなんて、ダマされた。

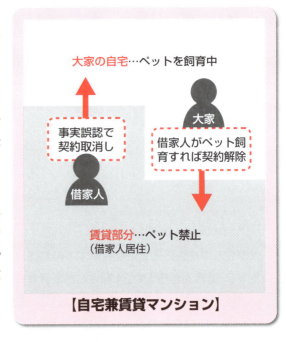

【自宅兼賃貸マンション】

> ## こんな判例もある
>
> ### ★賃貸マンションのペット禁止特約は借家人だけの義務で大家さんのペット飼育を禁じたものではない
>
> #### （東京地裁・平成10年5月20日判決）
>
> 　ペット禁止のマンションを借りたら、階下の大家さんや隣室の住人がペットを飼っており、そのため入居早々転居を余儀なくされた借家人が、説明義務違反を怠ったとして、物件仲介者の不動産業者に損害賠償請求をした事件です。
> 　裁判所は、「賃貸マンションのペット禁止特約は、大家さんが借家人に対し義務として要求するもので、大家さん自身のペット飼育まで禁じたものではない」とした上で、「仲介業者は賃貸する部屋について条件を説明すれば足り、ペット禁止の特約がマンション全体に及んでいるかどうかの説明義務まではない」として、借家人からの請求を認めませんでした。

転居費用と慰謝料をあわせて計100万円の損害賠償を求める」という内容証明郵便が、私と賃貸物件の管理を委託している不動産業者宛に届きました。この借家人も、業者の仲介で入居しています。

　なお、届いた文章の末尾には、「要求に応じない場合は、裁判も辞さない」と書いてありますが、裁判になったら、私たちは勝てますか。

　ご質問のケースと同じような事例で、裁判所が借家人の請求を棄却した判例もあります（上記コラム参照）。この裁判（被告は仲介した不動産業者だけ）の原告借家人は、大家さん宅も含めて当該マンションにペットを飼っている部屋があると初めにわかっていれば、借家契約を結ばなかったと思われるのですが、裁判所は、その説明を怠った被告には、そこまでの説明義務はないとして、借家人の請求を退けたのです。

　しかし、借家人が賃貸物件にペットがいないことを入居の条件にしているような場合、大家さんが物件内にある自宅でペットを飼っていたり、貸室でペットを飼っている借家人がいることを知りながら、大家さんや不動産業者がその事実を説明していないときには、借家人の請求が認められる可能性は十分あると思います。

階下の借家人の1人が、ペット禁止特約を破り、部屋で猫を飼っていることがわかりました。文句を言うと、「大家さんだって飼ってるじゃないか」と、開き直ります。

こんな借家人は契約を解除したいのですが、私がペットを飼っていても、ペット禁止特約に違反したという理由で立退きを要求できますか。

ペット禁止の特約は借家人にペット飼育の禁止を義務付けるものです。大家さん（または管理を委託された不動産業者）がペットの飼育をやめるように注意しても借家人がペットを飼い続けた場合、契約違反で、契約解除の条件は揃います。大家さんがペットを飼っていても、解約は可能です。

しかし、契約解除しても立退きを拒否されると、明渡し訴訟を起こすしかなく、解決まで時間も費用もかかります。ペット禁止を売りにしているならともかく、借家人から「ペットによる破損個所は原状回復して立ち退く」という念書を取って、飼育を認める方が現実的な解決です。

ココがだいじです！

ペット禁止の特約は大家さんのペット飼育まで禁止するものではない。ペット禁止のマンションで、大家さんや他の住人がペットを飼っていることを理由に退去しても、原則として、大家さん側に責任はない。

壁に穴があいていて、借家人は入居時からあったと言うのですが…

7 入居時にキズがないことを借家人も立会いで確認をしておくべき

新築物件でも入居から3か月も経てば、壁や床、建具、キッチンのシンクや浴室のバスタブなどの設備に、1つや2つキズや汚れが見つかるものです。借家契約の場合には、そのキズや汚れ（**損耗**という）が借家人の故意・過失によるものなら、契約期間が終了し、物件を明け渡すまでに、借家人はその損耗を修繕し、貸家・貸室を元（借りたとき）の状態で大家に返さなければなりません（**原状回復義務**という。下図参照）。

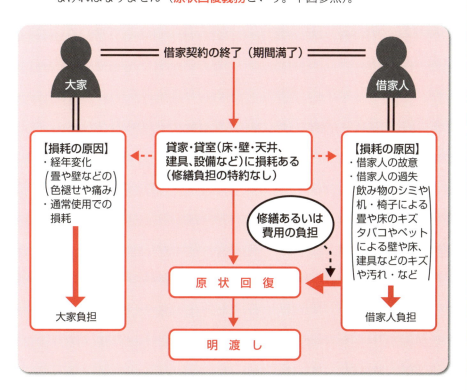

契約期間が終わり、住人が出てった貸室は、貸した当初と比べて壁も薄汚れ、畳も色褪せています。フローリングの床やキッチンのシンクにも小さなキズが無数にあります。
　こういうキズや汚れも、借家人に元のようにしてもらえますよね。

借家人に原状回復義務があるのは確かです。しかし、貸した当時の状態まで戻すということではなく、経年変化（時間の経過）による損耗や通常の使用をしても付くキズや傷み（総称して**自然損耗**という）以上の損耗があれば、借家人はそれを回復して貸室を大家に返すということです。

自然損耗は、借家人には修繕義務がないんですか。

自然損耗の修繕費用は大家さんの負担というのが、国のガイドライン（次頁注）です。なお、借家人の原状回復義務の範囲については、2020年（令和2年）4月1日から施行された改正民法の条文に、「通常の使用及び収益によって生じた賃借物の損耗並びに賃借物の経年変化を除いた損耗」と、明記されました（法621条）。
　もっとも、いずれの損耗も強行規定ではないので、特約で「自然損耗についても借家人負担」とすることは可能です。

借家人が貸室から立ち退いたのですが、押入れの壁に大きな穴があります。借家人は入居時からあったといいますが、修繕費を取れませんか。

入居時の貸室の写真とか、貸室にキズがないことを明記した物件説明書などに借家人がサインしていれば、証拠になります。しかし、証拠がなければ、結局は水掛け論です。借家契約を結び、該当物件を引き渡す際には、借家人に立ち会わせ、貸室の瑕疵（キズ）の有無などを確認させ、物件説明書などに借家人から確認のサインをもらっておくと、このようなトラブルを防げます（次頁図参照）。

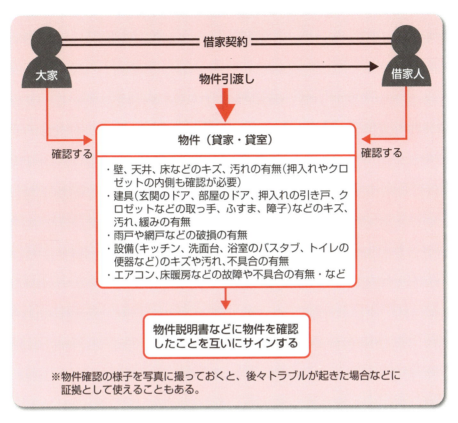

（注）国土交通省住宅局から、『原状回復をめぐるトラブルとガイドライン』が公表されています（再改訂版・平成23年8月）。賃貸物件の損耗や毀損の原因ついて、床、壁、天井、建具、設備に分け、借家人に責任がある場合、自然損耗の場合などを具体的に紹介されているので、大家さんが借家人に修繕費を請求できるかどうかの判断に役立ちます（参考資料236頁～237頁参照）。

ココがだいじです！

入居時には借家人立ち会いで、部屋のキズや汚れを確認しておく。
確認後、物件説明書などに「説明書明記の個所以外には破損個所がないことを確認した」旨の借家人のサインをもらうこと。

更新をしない定期借家はどんなときに利用すればいいですか

8 次の借り手がすぐ見つかる人気物件ならお勧めだが

「息子が転勤から戻ってきたら明け渡す」「アパートの建て替えが決まったら立ち退く」。こんな約束で貸家・貸室を貸しても、普通借家契約では借家人が素直に出てくれるとは限りません。借地借家法は大家さんの更新拒絶の権利を著しく制限しているからです（同法28条）。

貸したときの約束がどうであれ、借家人に貸家・貸室の明渡しや立退きを拒否されると、大家さん側に明渡しや立退きを求められる正当事由があるか、立退料支払いで正当事由を補完できなければ、裁判で立退きを求めてもまず認められません（2章1項参照）。

正当事由がなくても、借家人を当初の約束どおり立ち退かせる方法はないんですか。

あります。このような場合、普通借家契約ではなく、**定期借家契約**を結んでおけばいいんです。**定期借家には更新はなく、その契約期間が過ぎれば借家契約は終わりです**（同法38条以下）。

契約が終われば、借家人は立ち退くしかありません。

定期借家契約でも、借家人が後から「更新したい」と言い出し、契約期間が終わっても立ち退いてくれないときは、どうすればいいですか。借家人を、無理矢理追い出すわけにもいかないですよね。

借家人が貸家・貸室の明渡しを拒んだら、大家さんは明渡し訴訟を起こせばいいんです。定期借家には更新はありませんから、裁判所は普通借家契

約の場合とは異なり、通常大家さんの言い分を認めます。

　それでも物件から出てくれない借家人に対しては、勝訴判決を使って物件明渡しの強制執行をすればいいんです。

更新の際、借家人の家賃はなかなか上げられないし、最近では、「更新料条項は消費者契約法違反だ」と言って、約定の更新料の支払いを渋る人もいるんです。アパートを貸すなら、すべて定期借家契約にした方が得ですね。

定期借家にすれば更新はありません。たしかに、立退きだけでなく更新後の家賃や立退料支払いをめぐる借家人とのトラブルはなくなります。しかし、定期借家に向く物件と向かない物件とがあるんです（次頁チャート参照）。

そうなんですか。定期借家に向かない物件って、どんなものですか。

たとえば、立地条件や交通機関とのアクセスがよく、いつでも次の借家人が見つかるような人気の物件は、定期借家にすれば、大家さんは計画的に事業計画を立てられます。しかし、なかなか借家人が埋まらない不人気物件では定期借家にするメリットはありません。このような物件は、定期借家にするより、普通借家のまま貸す方が、大家さんには得なのです。

　なお、普通借家は家賃の値上げが難しいと思っているようですが、そんなことはありません。たとえ借家人が反対しても、法律的には妥当な値上げはできますし、更新料条項も原則有効という最高裁の判断が出ています（2章12項コラム参照）。

　借家人が家賃値上げや更新料支払いを渋ったら、裁判所の調停や弁護士会の仲裁センターなどADRを利用して、値上げや更新料を認めさせればいいのです

定期借家の契約をする場合、契約手続きで注意することはありますか。

169

チャートで見る 【定期借家と普通借家】
貸すなら、どっちが得か

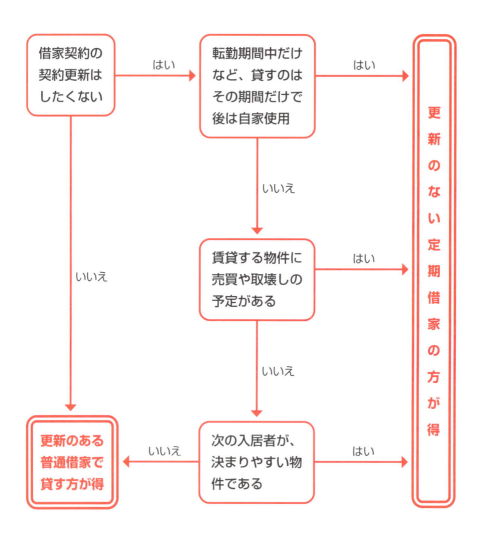

【定期借家契約と普通借家契約の違い】

	定期借家契約	普通借家契約
契約更新	ない	ある
契約期間	契約期間は必ず定める。期間についての制限はない（1年未満の賃貸期間も決められる）。	期間を定めなくてもよい。期間を定める場合は1年以上（1年未満の期間を定めても、期間の定めのない契約になる）。
契約手続き	契約前に、更新のない契約であることを書面で説明する必要がある。契約は、公正証書など書面で結ぶ必要がある（次頁参照）。	事前説明も契約書も法律上の要件ではない。（トラブルを防ぐために契約書を交わすケースが一般的）※
賃料増減額の特約	特約は有効だが、契約期間中に借賃（家賃）を増減しないという特約があると、借地借家法32条（借賃増減請求権）の規定は適用されない。	特約があっても公租公課や近隣借賃（家賃）の増減など一定の事情があれば、同法32条が適用され借賃増減請求ができる。増減請求できない特約があっても減額請求は可。
中途解約	特約がなければ、中途解約は原則できない。居住用で床面積200㎡未満の物件の場合のみ、借家人が転勤、療養、親族の介護などやむを得ない事情で、生活の本拠に使うのが困難になったときは中途解約できる。	中途解約ができるとする特約は有効。特約がなければ、大家と借家人の合意が必要。

※不動産業者が仲介をする場合には、業者は事前に重要事項説明書を借家人に交付し、契約内容を説明する義務を負う。

あります。定期借家にする場合は、契約前にあらかじめ「更新のない契約であること」「契約期間の満了により借家契約が終了すること」を、借家人に対し、**書面を交付して説明**しなければなりません（借地借家法38条3項）。この書面による説明を忘れると、定期借家の特約は無効で、たんなる普通契約になります（同条5項）。また、定期借家契約は、**公正証書など書面で契約する**ことになっています（同条1項。前頁図参照）。

なお、不動産契約のデジタル規定を盛り込んだ改正借地借家法の施行で、2022年（令和4年）5月18日からは、借家人の承諾があれば、定期借家であることの説明は書面交付に代えて電磁的方法による提供でも認められ（同条4項）、また書面による契約の他、電子契約も可能です（同条2項）。

賃貸アパートを経営していますが、半年後には建替えのため、取壊しの予定です。取り壊すまで貸したいのですが、定期借家にできますか。

できます。定期借家は1年未満の借家期間を定めてもかまいません。これも、普通借家とは異なる規定です。

更新のない契約、1年未満の期間以外、定期借家契約が普通借家契約と違うところはありますか。

賃料増減額の特約、中途解約の規定が普通借家とは異なります。なお、この規定について、借家人に不利な特約は無効です（同条8項）。

> **ココがだいじです！**
>
> 定期借家契約は、借家人に事前に「更新のない契約」であることを書面で説明し、公正証書など書面で契約する必要がある（書面の代わりに電磁的方法による説明や電子契約ができる場合もある）。
>
> 転勤中だけ、取壊しまでなど、契約終了後は賃貸しない場合除けば、次の借り手がすぐ見つかるような物件以外、定期借家にするメリットは少ない。

定期借家なら期間満了で必ず借家人に出て行ってもらえますか

9 期間満了の1年前から6か月前までに契約終了の通知が必要

定期借家契約（**定期建物賃貸借契約**という）には更新がありません。契約の際、取り決めた借家期間が満了（終了）すれば契約はそれで終わり、借家人は貸家・貸室を明け渡して、立ち退くことになっています。

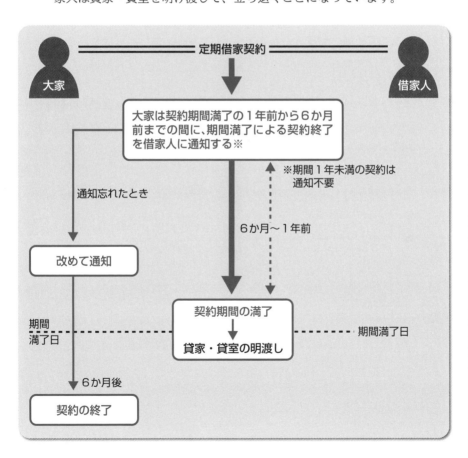

ただし、借地借家法では、定期借家契約を認める代わりに、大家さんには説明義務や通知義務を課しています（前頁参照。更新のある普通借家契約との違いは前項表参照）。

　大家さんが、この説明義務や通知義務を怠ると、定期借家契約を結んでも定期借家とは認められないこともあるのです（定期借家契約の具体的な契約内容は次頁サンプル参照）。

説明義務とか、通知義務って、何ですか。

説明義務は、契約する際に大家さんに課されている義務です。大家さんは、借家人と契約を締結する前に、その借家契約が「更新のない定期借家契約」であることを、借家人に書面を交付して説明しなければなりません（借家人が承諾すれば、電磁的方法による説明も可。詳しくは前項参照）。

　また、その際、公正証書などの書面により契約することも義務付けられています（法38条１項。更新のない定期借家契約であることが記載された契約書面であれば、必ずしも公正証書にする必要はない。電子契約も可。同条２項）。

　なお、大家さんが説明義務や契約書面の作成を怠ると、法律上の定期借家契約は成立しません（更新のある普通借家契約を結んだことになる）。

通知義務って、何ですか。

通知義務とは、１年以上の借家期間を定めた定期借家契約を期間満了により終了させる場合に課されている義務です。契約を終わらせるには、大家さんは借家人に対し、事前に契約終了を通知しなければなりません。

定期借家契約は期間が満了すれば、契約が自動的に終了して、借家人に立ち退いてもらえるんじゃないんですか。

174

【サンプル】定期借家契約の契約書（→普通借家契約書は本章１項）

定　期　建　物　賃　貸　借　契　約　書

　賃貸人山田太郎を甲、賃借人田中一郎を乙として、甲乙当事者間において、後記建物（以下「本件建物」という）につき、借地借家法38条に基づく定期建物賃貸借契約を、次のとおり締結した。

第１条（契約目的）

　甲は乙に対し、本件建物につき、居住の目的で、定期建物賃貸借として賃貸し、乙はこれを定期建物賃貸借として本日借り受けた。

第２条（賃貸借期間）

　本件賃貸借の期間は、本契約締結の日から令和○年６月４日までの３年間とし、本契約は期間の満了をもって終了し、更新しないこととする。

第３条（賃料等）

　①賃料は月額10万円とし、乙は毎月末日までに甲指定の銀行口座に振り込んで支払う。振込料は乙の負担とする。

　②管理費は月額１万5,000円とし、支払日、支払方法は前項と同様とする。

第４条（敷金）

　①乙は、敷金として賃料２か月分に相当する金20万円を交付するものとし、本日、甲はこれを受領した。

　②賃料の増減または④項の弁済充当により、前項の敷金に不足が発生した場合には、乙は、甲の請求がある場合には、直ちにその不足額を充当しなければならない。

　③①項の敷金は無利息とする。

　④甲は、賃貸借期間中といえども、敷金をもって、乙の甲に対する延滞賃料債務、延滞管理費債務、損害賠償債務、その他本件賃貸借から発生する一切の債

> 定期借家契約であることを明記する。「定期建物賃貸借」が借地借家法38条通りの言い方だが、「定期借家」と書いても問題はない。

> １年未満でもいい。更新をしないことを明記する。

> 個人の居住用に貸す場合は前払いが多いが、この契約のように後払いのものもある。

4章　有利に借家契約を結ぶ法

務の弁済に充当できるものとし、本契約終了後、乙から本件建物の明渡しを受けると同時に、その残額を返還する。乙の側から敷金をもって延滞賃料と相殺することはできない。

⑤乙は、本件建物を明け渡すまでの間、敷金をもって、賃料・管理費、その他の債務と相殺することはできない。◀- - - - - - - - - - - - - - - - - - - -

> 借家人側から「家賃を敷金から取ってくれ」と言われないためには、この条項を入れておくのがいい。

第5条（無断転貸等）

乙は、本契約上の権利を譲渡し、また本件建物を転貸してはならない。

第6条（事前承諾条項）

乙は、次の各号の一に該当する行為をしようとするときは、あらかじめ甲の書面による承諾を得なければならない。

①本件建物の増築、改築、改造もしくは模様替えをしようとするとき。

②本件建物の敷地内において工作物を設置しようとするとき。

③階段・廊下等の共用部分において物品を置き、また看板・ポスター等の広告物を掲示しようとするとき。

④1か月以上継続して本件建物を留守にするとき。

第7条（契約解除）

乙が次の各号の一に該当したときは、甲は、何らかの通知催告をしないで、本件賃貸借契約を解除できる。◀- - -

> 大家が解除できるケースを、具体的に書いておくといい。ただし、家賃滞納による契約解除は、催告後でなければ、裁判所は認めない。⑦項は、忘れずに入れておくこと。

①賃料支払いを1か月分以上怠ったとき。

②本件建物を第1条に定める用途と異なる用途に供したとき。

③第4条②項による資金不足金額の支払いを怠ったとき。

④第5条に違反したとき。

⑤第6条に違反したとき。

⑥第11条に違反したとき。

⑦その他、甲乙間相互の信頼関係を著しく害すると認めるに至ったとき。

第8条（原状回復）◀ - - - - - -

乙が甲に対して本件建物を明け渡すときは、立退料を請求せず、造作部分を取り外し、建物を原状に復して返還するものとする。ただし、甲が乙に対して一定期間を定めて原状回復を請求したにもかかわらず、乙がその期間内に原状回復をなさなかった場合には、甲は乙の費用で、乙に代わって原状回復をなすことができる。

> 原状回復は借家人に費用を請求することも認める内容にしておくと、誠意のない借家人に対する担保となる。

第9条（通知）◀ - - - - - - - - -

甲は乙に対し、第2条記載の期間が満了する1年前から6か月前までの間に、本契約が終了することを通知することとする。ただし、甲が上記の期間満了前までに契約解除の通知をしなかった場合は、通知をしたときから6か月を経過した日に賃貸借は終了するものとする。

> 契約終了には、この通知がいる。ただし期間1年以上の契約のみ。

第10条（賃料特約）

本賃貸借契約日から2年経過した日以後の賃料額については、3％増額することを合意した。よって、借地借家法32条の規定は本契約賃料改定には適用しないものとする。◀ - - - - - - - - -

> 近隣相場が下落しても3％増額の本特約が有効。

第11条（禁止事項）

乙は、次に掲げる行為をしてはならない。

①爆発および発火性を有する危険な物品等を製造または保管し、配水管が腐食する恐れがある液体を流すこと。

②犬、猫などペットを飼育すること。ただし、小鳥、金魚など小型魚類、その他の小動物は禁止ペットから除くものとする。

③テレビ、ステレオ等の音量、ピアノ等の演奏で近隣に迷惑を及ぼすこと。

第12条（中途解約）

　乙は、本契約期間中といえども、転勤・療養・親族の介護等やむを得ない事情が発生し、本件建物を使用することが困難となった場合には、甲に解約の申入れをすることができる。この場合、解約申入れの日から1か月を経過することにより本契約は終了する。

第13条（立入り検査等）

　甲は、本件建物の保安上の必要がある場合、その他緊急な場合には、あらかじめ乙の承諾を得ることなく、本件建物に立ち入ることができる。ただし、甲は立入りを事後に乙に通知する。

第14条（連帯保証人）

　連帯保証人田中花江は、家賃1年分の金額を限度に本件賃貸借契約から発生する乙の一切の債務を保証、乙と連帯して履行の責任を負う。

第15条（公正証書の作成）

　甲、乙は、本契約内容を公正証書として作成することを合意した。

第16条（管轄の合意）

　本契約に関する紛争については、甲の居住地を管轄する裁判所を管轄裁判所とすることに、甲乙当事者は合意する。

　上記のとおり契約が成立したので、本書2通を作成し、記名押印の上、甲乙1通を保有する。

　　　　令和×年6月5日

　　　　　　　　賃貸人（甲）　　住所
　　　　　　　　　　　　　　　　山田太郎　㊞
　　　　　　　　賃借人（乙）　　住所
　　　　　　　　　　　　　　　　田中一郎　㊞
　　　　　　　　連帯保証人　　　住所
　　　　　　　　　　　　　　　　田中花子　㊞

（物件の表示）省略

居住用で、床面積が200㎡未満の賃貸借を除けば、この特約がないと、当事者は中途解約できない。中途解約をした借家人から違約金を取る場合、契約書に違約金条項を入れておくとよい。

連帯保証契約は、法改正により極度額を記載しなければ効力がないとされたので、契約書に連帯保証人の極度額を記載すること。

必ずしも、公正証書にする必要はないが、契約を書面化しないと、定期借家契約は無効。公正証書にしておいた方が、定期借家であることの証明力が高まるので望ましい。
公正証書にするには、公証役場で公証人に作成してもらう。
電子契約も可（令和4年5月18日以降に契約を締結した場合）。

期間が終わっても、自動的に契約終了とはならないんです。定期借家契約が成立しても、それだけでは借家人に対し期間満了を理由に立退きを求められません。

　大家さんは期間が満了する１年前から６か月前までの間（**通知期間**という）に、現在の借家契約が「更新のない定期借家契約で、期間満了により契約が終了する」ことを、借家人に通知する必要があります（法38条6項）。その通知をして、初めて契約期間の満了により契約も終わるのです。

　なお、この通知期間の規定（大家さんの通知義務）は強行規定ですから、借家人に不利な特約をすることはできません。契約締結の際、借家人が同意したとしても、その特約は無効です（法38条8項）。

通知を忘れたら、どうなるのですか。まさか更新のある普通借家契約になるなんてことはないですよね。

もちろんです。定期借家契約であることには変わりありません。通知期間が過ぎていても、期間満了により契約が終了する通知を、借家人に出せばよいのです。

　この場合、大家さんが**通知してから６か月経つと、定期借家契約は終了**します（法38条6項ただし書き）。契約終了の時期が当初より遅れるだけです（この項の図解参照）。

 ココがだいじです！

期間１年以上の定期借家契約では、期間満了の１年前から６か月前までの間に借家人に契約終了の通知をしないと、期間満了しても契約は終了しない。通知を忘れた場合、大家が解約を通知した日から６か月を経過した日に契約は終了する。

定期借家の借家人が中途解約しましたが、残りの期間の家賃を取れますか

10 中途解約の場合、約定があれば違約金を取れる

定期借家契約は、契約の際に取り決めた借家期間が満了すれば契約は終了します。借家人が更新を望んでも、普通借家契約と違って更新はありません。大家さんから見れば、借家人が貸家・貸室を明け渡し、立ち退く期限（契約上の満了日）がわかるのですから、安心して次の借家人を探せます。長期間空き室を作らずに済むので、経営上も都合のいい契約です。

　しかも、借家人からの**中途解約の申し出は、中途解約を認める特約がない限り、大家さんは原則として認める必要がありません。**

原則というからには、特約がなくても借家人の中途解約が認められる例外があるんですね。

はい。床面積が200㎡未満の居住用建物を定期借家契約で借りた借家人は、やむを得ない事情で、その建物を生活の本拠として使うことが困難になった場合は、中途解約を認める特約がなくても、中途解約ができます（借地借家法38条7項）。この場合の契約終了日は、借家人による解約申入れの日から1か月が経過した日です。

やむを得ない事情って、何ですか。

法律では、転勤、療養、親族の介護その他やむを得ない事情と、明記されています（同項）。

中途解約した場合、違約金として、残りの期間の家賃を取れますか。

定期借家契約書の中に、中途解約の特約（解約を認めるもの）があっても、違約金条項がないとき、また借地借家法38条7項に該当はするが違約金条項がないときは、違約金を取るのは難しいと思います（下図参照）。

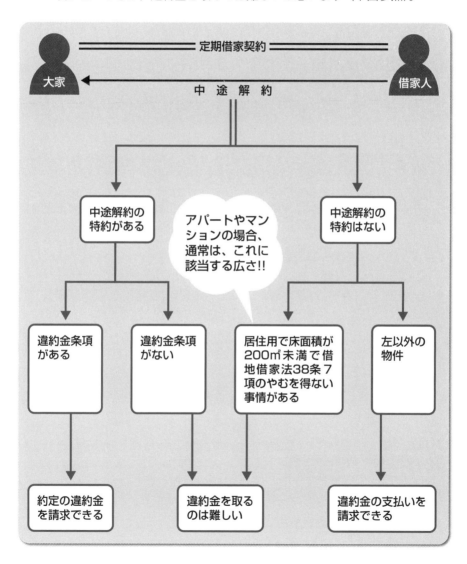

貸家・貸室を定期借家で貸す場合は、違約金条項を付けた中途解約の特約を必ず入れておくことです。

違約金が取れる場合、いくらぐらい取れますか。

中途解約の特約に、違約金条項がある場合には、約定の違約金が取れます。ただし、借家人が著しく不利になるような法外な金額を約定しても、消費者契約法9条違反（借家人が個人の場合）や民法の公序良俗違反となり、大家さんの請求は認められません。結局は、裁判で争うしかありません。
　一般的に、残りの契約期間の家賃全額は無理でしょう。

> 【参考】
> **消費者契約法9条**（抜粋）　次の各号に掲げる消費者契約の条項は、当該各号に定める部分について、無効とする。
> 一　当該消費者契約の解除に伴う損害賠償の額を予定し、又は違約金を定める条項であって、これらを合算した額が、当該条項において設定された解除の事由、時期等の区分に応じ、当該消費者契約と同種の消費者契約の解除に伴い当該事業者に生ずべき平均的な損害の額を超えるもの　当該超える部分
> 　（以下、省略）

ココがだいじです！
定期借家契約は、床面積が一定以下の居住用物件なら、やむを得ない事情があれば、借家人は中途解約可能。

3か月だけ家を貸したいが、どうすればいいですか

11 定期借家なら期間1年未満でも貸すことができる

普通借家契約で期間1年未満の契約をしても、期間の定めがない契約になります（借地借家法29条）。この規定は強行規定ですから、たとえ3か月だけ貸すという契約期間の条件に借家人が同意しても、その部分については無効です（法30条。下図参照）。

しかし、**定期借家契約なら、期間1年未満の契約も有効**です（法38条1項後段）。3か月だけ貸すなら、更新のない定期借家契約にするといいでしょう。また、事情によっては一時使用の借家契約も考えられます。

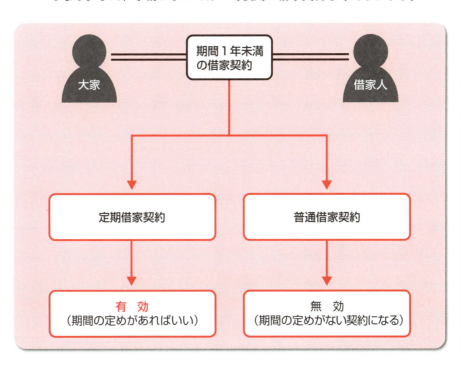

3か月間だけ貸す場合には、いつまでに契約終了の通知を出せばいいですか。

1年未満の契約の場合、通知は不要です（借地借家法は期間1年以上の定期借家契約の場合にだけ、借家人への契約終了の通知を大家さんに義務づけている。法38条6項本文）。期間が満了すると、その定期借家契約は終了し、大家さんは借家人に立退きを請求できます。

10年近く貸している店舗がありますが、5年ごとの更新が来年早々来ます。借家人は再更新を希望していますし、大家の私も引き続き貸すつもりです。ただ、今は普通借家契約にしています。

将来、店舗を建て替えるような場合、この借家人が素直に立退きに応じてくれるとは限りません。そこで、更新のない定期借家契約にしておきたいと考えています。

来年の更新時に、普通借家契約を定期借家契約に切り替えられませんか。

店舗など事業用の建物賃貸借は普通借家契約を定期借家契約に切り替えられます。しかし、具体的な建て替えの予定がなければ、慌てて定期借家契約に切り替える必要はないはずです。建て替える際、借家人が立退きに応じてくれないのではという心配があるなら、次回更新の際、契約期間を短くしたい（たとえば5年から3年にする）と申し入れてはどうでしょう。定期借家契約には切り替えられますが、期間満了で借家人が立ち退いたら、次の借家人が決まるとは限らないからです。

なお、居住用は、定期借家規定が施行された平成12年3月1日施行以前の普通借家契約の切り替えはできません（平成11年改正法附則3条）。

ココがだいじです！

定期借家の場合、1年未満の期間を契約で定めることができる。
期間1年未満の定期借家契約では、借家人に対する期間満了による契約終了の通知は不要。

共用部分の光熱費を借家人から取れますか

12 借家人負担の特約がないと大家の負担になる

賃貸マンションでは、廊下や階段、エレベーターなど共用部分の電気代や水道代（光熱費）の負担をどうするかも、契約の際に決めておかなければならない問題の一つです。

取決めがないと、共用部分の光熱費は月々の家賃に含まれているとされ、大家さんの負担となります。

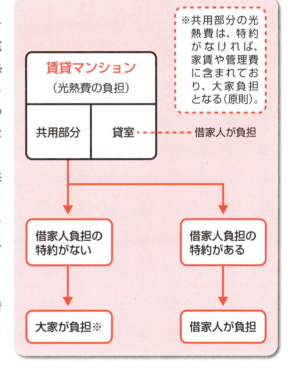

共用部分の光熱費を借家人に負担させることは、できますか。

もちろん、可能です。特約で、「共用部分の光熱費は借家人が負担する」などと決めておけば、かかった実費を借家人に請求できます。もっとも、一般的には家賃の他、管理費を借家人から徴収するのが普通です（本章９項契約書サンプル３条②項参照）。この管理費は、マンションなどの共用部分の維持管理に当てる費用で、その清掃費用やエレベーターの保守・点検費

用の他、光熱費も含まれています。

古い賃貸アパートの大家ですが、共同トイレなので、借家人からは共用部分の清掃費用や蛍光灯の交換など修繕費に使う管理費の他、共用部分の光熱費も均等割でもらっているんです。もちろん、契約書にも、「借家人は共用部分の光熱費を均等割で負担する」と、書いてあります。
　ところが、借家人の1人が、「部屋にいないことが多く、トイレもほとんど使わないのに光熱費を均等割で取られるのは納得いかない」と、クレームを付けてきました。どうすればいいですか。

光熱費負担については、借家契約書に明記してあるのですから、大家さんは約定どおり、均等割した分の光熱費を請求できます。アパートの滞在時間が多いかどうかは借家人の問題です。ただし、他の借家人が貸室を事業に使っていて、明らかに共用部分の光熱費の使用料も多いだろうという場合には、やはり個々の借家人の負担を見直す必要はあるでしょう。
　いずれにしろ、共用部分の光熱費などの負担、また管理費の負担と範囲については、契約の際、借家人にキチンと話しておくことは必要です。
　なお、管理を不動産業者（宅地建物取引業者）や賃貸住宅管理業者（賃貸住宅の管理業務等の適正化に関する法律で、管理戸数200戸以上の業者は国土交通大臣への届出義務づけ）などに一任している大家さんが多いと思いますが、宅建業者は借家契約締結の際、借家人に管理費など借賃以外の金銭の授受についても重要事項として説明し、また契約書などに明記することを義務づけられています（宅地建物取引業法37条2項3号）。

共用部分の光熱費や清掃費、修繕費などの管理費は、借家人負担の特約がない限り大家さん負担が原則である。

借家人がずっと不在で連絡もありません。貸室を整理できませんか

13 特約がなくても整理はできるが後日クレームがないよう注意すること

　火災や借家人の疾病など緊急時には、大家さんが貸室に無断で立ち入ることも、**緊急避難**として許されます。ただし、借家人とのトラブルを避けるためには、「保安上または緊急性がある場合には承諾なしに借家人の貸家・貸室に立入りできる」という趣旨の特約を、借家契約書の条項（本章9項契約書サンプル13条参照）に入れておくといいでしょう。
　もちろん、その特約があっても、滞納家賃の取立てのためなどに立ち入ることは許されません。

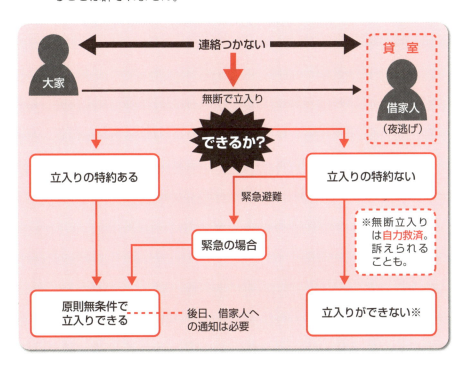

187

滞納家賃の催促に行くと、居留守を使う借家人がいます。家賃が入らなければ、大家としての私の暮らしは成り立ちません。緊急性があると思うのですが、特約があっても貸室には無断で入れませんか。

はい。この特約でいう「保安上」とか、「緊急性」というのは、貸室が火災になったり、その恐れがある（焦げ臭い臭いがする、炎や煙が出てるなど）とか、貸室内で病人やケガ人が出たり、その恐れがある（人のうめき声がするのにインターフォンを押しても応答がないなど）場合に限られます。

　相談のケースは緊急性には当たりませんから、特約があっても無断立入りは許されません。借家人が居留守を使うからと無断で立ち入ると、住居不法侵入罪（刑法130条）や器物損壊罪（法261条）、窃盗罪（法235条）などで訴えられることもあります。

夜逃げして連絡が付かない借家人の部屋を整理して、家財を部屋から出し、他の人に貸したいのですが。勝手にできませんか。

原則的には、特約があっても、無断で立ち入ることは、自力救済で認められません。連帯保証人がいれば、その同意を得るか、立ち会ってもらって入室することは可能でしょう。保証人もいないという場合、緊急性はないので、やはり明渡し訴訟で勝訴判決を得るべきだと思います。

　しかし、夜逃げをしたのは、借家人側が解約したとも考えられます。この場合には、訴訟せずに明渡しを断行できる可能性もあると思います。なお、家財の搬出などには必ず保証人や借家人の関係者に立ち会ってもらい、後日の苦情を避けるべきです。

ココがだいじです！

緊急時には、借家人の承諾なしに貸家・貸室に入れる。
搬出した家財は引き取ってもらえない場合、保管に注意すること。

アパート1棟を相続したが、借家人との契約内容を有利に変更できませんか

14 大家さんの変更を理由に借家契約の内容を変えるのは難しい

アパートの大家さんが亡くなり、その相続人がアパート1棟全部を相続した場合、法律上は相続人が新しい大家さんとして、元の大家さん（被相続人）と借家人との間の借家契約を引き継ぎます（下図参照）。

この場合、そのアパートの住人（借家人）は、これまで通りの借家条件で住み続けることができ、一方、新大家さんの相続人は借家人に対し、従来の借家条件で引き続き貸さなければなりません。

相続による建物所有者の変更を理由に貸室からの退去・明渡しを求めることは認められないのです（2章15項参照）。

契約内容の変更も、原則認められません。

相続したアパートは老朽化してきたので、数年後には建て替えをしたいと考えています。

その際、借家人に反対されても契約期間が終わったら立ち退いてもらえるよう、借家人

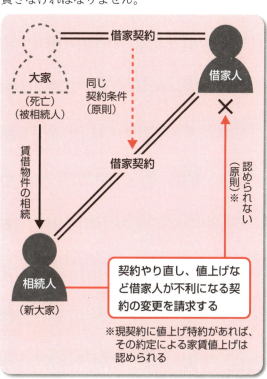

※現契約に値上げ特約があれば、その約定による家賃値上げは認められる

全員の契約内容を更新が来たごとに普通借家契約から定期借家契約に変更したいと思っています。変更は可能ですか。

使用目的が「業務用」の普通借家契約の場合は、合意により定期借家契約に切り替えることは可能です。「居住用」の場合でも、大家さんと借家人が合意すれば、更新時に従来の普通借家契約を一旦解約し、改めて定期借家契約を結ぶという方法で、切り替えができると思います。しかし、あなたが相続したアパートが、平成12年3月1日施行以前に「居住用」で貸している場合には、定期借家契約への切替えはできません。

相続したアパートの家賃は、周辺の同じようなアパートと比べ、かなり低めです。この機会に、家賃を周辺の価格に近づけるよう一斉に値上げしたいと思います。借家人によっては、まだ契約期間の途中の人もいますが、契約期間が終わらないと家賃の値上げはできませんか。

契約期間中でも、家賃値上げは可能です。借地借家法32条は、①賃貸物件の固定資産税など公租公課が増えたとき、②土地建物の価格上昇や物価などが高騰したとき、そして③家賃が周辺（近傍という）の同じような建物の借賃（家賃）と比べて不相当に低くなったときは、契約期間中であっても値上げができるとしています。ただし、相続前の借家契約書に契約期間中は値上げしない特約が入っている場合は値上げできません。

相続したアパートの家賃が上記①〜③に該当し、値上げしない特約がない場合は、借家人に対し、家賃値上げを求められます。借家人が拒否した場合には、裁判所に調停などを申立てることも可能です（1章11項参照）

いずれにしろ、相続したことだけを理由に、新大家さんが借家契約の内容を有利に切り替えることは難しいと考えてください。

相続により大家さんが代わっても、借家人との契約内容は変わらない。
新大家さんは相続だけを理由に、契約内容を有利に替えることは難しい。

古民家を民泊で9か月だけ借りたいというが、どんな貸し方がいいですか

15 定期借家か一時借家で貸すと期間満了で借家人を立ち退かせられる

賃貸期間が1年に満たないということですから、更新のある普通借家として契約する場合は、「**期間の定めがない契約**」になります（借地借家契約29条）。

期間の定めがない借家契約の場合、契約を終わらせて、借家人に貸家・貸室からの立退きを求めるにはどうすればいいんですか。

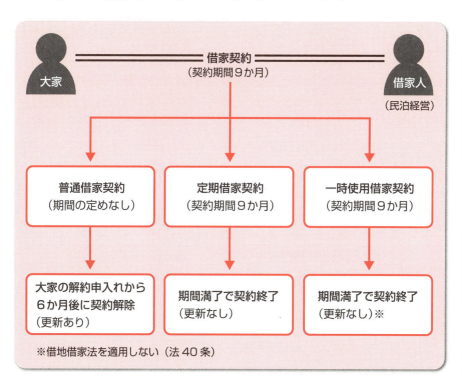

大家さんが借家人に対し、解約の申入れをすればいいんです。解約の申入れをした日から6か月が経過すると、その借家契約は終了です（法27条1項）。

ただし、この申入れは、借家人が更新を望む場合、期間1年以上の普通借家契約で借家人に更新拒絶の通知をして契約を終了させるケースと同様、大家さん側に正当事由があるか、あるいは立退料を提供して正当事由を補完したと認められる場合でなければできません（法28条）。

契約更新は困ります。貸すのは、定年退職したら住むつもりで、ずいぶん前に買った地方都市の一軒家です。長年住んでいなかったので、かなり痛んでしまい、定年になる1年後には建て替えて住むしかないと思ってました。

ところが最近、民泊をやりたいから、私が住むまで家を貸してほしいと、知人に頼まれたんです。リフォーム費用は、その知人が全額負担しますが、退去の際に、私が付けた造作を時価で買い取ればいいことになっています。民泊は年180日しか営業できないので、その準備期間なども含め、借家期間は9か月としました。

ただ、1年先には、私はこの家に住みたいので、更新になるような契約は困ります。借家人に必ず立ち退いてもらえる借家契約はないですか。

あります。更新のない定期借家契約にすればいいのです。定期借家なら契約期間が終わると、借家人は賃貸物件を立ち退かなければなりません（前頁図参照）。しかも、普通借家契約と違って、1年未満の契約期間の取決めも有効です。

また、大家さんと民泊業者の借家人との契約期間は9か月間ですが、契約期間1年以上の定期借家とは異なり、借家人に契約終了の通知を出す義務はありません（法38条6項。本章11項参照）。

民泊業者と借家契約を結ぶ場合、他に注意するところはありますか。

192

民泊事業は都道府県知事への届出が必要で、設備面、衛生面などについても各自治体の条例の規定をクリアしなければなりません。そのため、民泊業者はかなりの投資をすることになり、貸家からたった9か月で更新なしに立ち退くとなれば、事業としての採算が取れるかどうか疑問です。

大家さんは、借家人が出費した貸家のリフォーム費用（新たに付けた造作の設置費用など）について、借家人の立退き時に、その負担をどうするかを契約時にキチンと取り決め、その内容を契約書に明記しておくことです。

法律上は、大家さんが造作の設置を承諾している場合には、借家人が契約終了により立ち退く際に、借家人から請求があれば、大家さんは造作を買い取らなければなりません。もっとも、その価格は借家人が支払った実費ではなく、時価で買い取ればいいことになっています（法33条1項）。

なお、この規定は強行規定ではないので、大家さんが買い取らない内容にしてもかまいません（造作買取請求権の排除。196頁サンプル参照）

大家の私としては、知人が契約期間終了後に、必ず立ち退いてくれるなら、貸家のリフォーム代を全額負担してもいいと思ってます。1年後に、その家が戻った後、私自身も民泊をしてもいいと思っているからです。その場合も、やはり定期借家契約でいいですか。

定期借家契約でもかまいませんが、リフォーム代などを大家さんが全額負担するなら、一時使用の借家契約（建物一時使用賃貸借契約）でもいいと思います。一時使用の借家には借地借家法の適用がありません（法40条）。

一時使用の借家契約には、民法が適用されますので、公序良俗に反しない内容であれば、大家さんに一方的に有利な契約も結べます。リフォーム代を借家人が全額負担する特約も、有効です（195頁・一時使用の借家契約書サンプル参照）。

相続で、親が持っていた山奥の民家を相続することになったのですが、長年放置してあったので廃屋同然です。私は、建物を取り壊して土地ごと売ればいいと思うのですが、兄たち他の相続人は「先祖代々引き継いできた

家屋敷は手放せない」と大反対し、意見がまとまりません。

　そんな折、地元の不動産業者から、静かな環境で制作活動できるアトリエを探している芸術家がいる。相続した家を貸してくれれば、保証金代わりに修繕費用は負担してもいいという話が舞い込みました。

　相続した土地建物をどうするか、誰がどれだけ相続するか、相続人が多いので遺産分割協議がまとまるには時間がかかりそうです。家賃が入るので、その廃屋を貸すことには全員依存がありませんが、遺産分割協議が済むまでの期間だけ貸すことはできますか。

一般論としては、できます。期限の定めがない借家契約にしておけば、その建物を遺産分割協議で取得した相続人が、借家人に契約解除（解約）の通知をして６か月が経過すれば、借家契約は終了です。ただ、普通借家契約なので、必ず借家人が立ち退いてくれるとは限りません。

　もちろん、貸家から力ずくで追い出すようなことは、自力救済といって、禁止です。最終的には、明渡し訴訟を起こして勝訴判決を得て、明け渡してもらうしかありませんが、裁判所が大家さん側の主張を必ず認めるとは限りません。

私たちが必要になったら、借家人に必ず立ち退いてもらうことはできないんですか。

一時使用の建物賃貸借契約や定期借家契約なら、契約期間が終われば借家人に立ち退いてもらえます。借家人はアトリエとして使うというのですから、契約期間を５年～10年程度の定期借家契約にしたらいいでしょう。

　というのは、このような廃屋の場合、取り壊して更地にすれば、その土地の固定資産税の税率がアップするのが普通です（建物の建つ土地の固定資産税の税率は標準税率の６分の１～３分の１に軽減されて売る場合が多く、建物を取り壊すと標準税率に戻される）。

　また、「空家等対策の推進に関する特別措置法」の施行により、倒壊の危険があると判断されると、自治体が廃屋の所有者に取壊しなどの要請や命令が出せるようになりましたし、その要請を無視すると、建物があっても

【参考】一時使用の借家契約の契約書のサンプル（抜粋）

建物一時使用賃貸借契約書

賃貸人山田太郎を甲、賃借人田中一郎を乙として、甲乙当事者間において、後記建物（以下「本件建物」という）につき、一時使用賃貸借契約を次のとおり締結した。

第1条（契約目的）

甲は乙に対し、本件建物（締結日から1年後に取壊しの予定）につき、民宿事業の宿泊施設の目的で、建物一時使用賃貸借として賃貸し、乙はこれを建物一時使用賃貸借として本日借り受けた。

第2条（賃貸借期間）

本件賃貸借期間は、本契約締結の日から令和○年3月4日までの9か月間とし、本契約は期間の満了を持ってもって終了し、更新しないこととする。

第3条（賃料等）

賃料は月額10万円とし、乙は毎月末日までに甲指定の銀行口座に振り込んで支払う。振込料は乙の負担とする。

第4条（保証金）

①乙は、保証金として賃料3か月分に相当する金30万円を交付するものとし、本日、甲はこれを受領した。

②①項の保証金は無利息とする。

③甲は、本契約終了後、本件賃貸借から発生した乙の一切の債務の弁済に充当し、乙から本件建物の明渡しを受けるのと同時に、残額を返還する。

――― 中略 ―――

第　条（事前承諾条項）

乙は、次の各号に該当する行為をしようとするときは、あらかじめ甲の書面による承諾を得なければならない。

①本件建物の増築、改築、改造もしくは模様替えをしようとするとき。

②本件建物の敷地内において工作物を設置しようとするとき

表題部、契約目的に一時使用の契約であることを明記。

1年未満でもいい。更新をしないことを明記する。

大家が民泊に必要な設備を設置してある場合でも、この条項は必ず入れておくこと。

```
第　条（造作買取請求権の排除）
　乙は、本契約が終了し、明渡しをする場合、甲の承諾
を得てなした造作、加工を含めて、乙がなした造作加工
はすべて収去し、原状に復して返還する。

　　　── 以下、省略 ───
```

> 造作を買い取る取り決めの場合は、価格が時価である旨などを明記しておくこと。

※この他の条項については、本章1項の普通借家契約書および本章9項の定期借家契約書を参照してください。

　土地の固定資産税の軽減税率適用を見送られ、標準税率に戻されます。
　あなた以外の相続人は家屋の売却に反対のようですが、その一方で、誰もその場所に住むつもりはないようですから、貸家としての需要があるなら、その家屋を共同相続し、家賃収入を全員で分ける方法も解決策の一つです。

定期借家契約にすれば、その期間が終われば、借家人に立ち退いてもらえるんですね。他に、契約で注意することがありますか。

ご相談のケースは、借家人が保証金代わりに家屋の修繕費の一部を払うようです。実際の現金の動きはともかく、契約上は保証金として受け入れ、そこから経年により差し引く方法がいいと思います。この他、造作の設置なども認めた場合には、借家人が立ち退く際、大家さんは**買取りをしない旨の特約**を入れておくといいでしょう。

ココがだいじです！

借家期間が1年に満たない普通借家契約を結ぶと、契約期間の定めのない契約になる。
1年未満の借家契約は定期借家契約や一時使用の契約にすると、期間満了により、借家人に賃貸物件から立ち退いてもらえる。

第5章

媒介・管理業者とのトラブルに対処する法

◎業者の違反・不正行為や倒産をめぐる解決手続き

・業者が約束を守らないがどうしたらいいか
・管理会社が追い出した借家人に訴えられたが
・管理会社が倒産してしまったが
・入居者探しを2つの業者に平行して頼みたいが
・媒介や管理を頼んだ業者を変更したいが
・施工業者の過失による借家人への賠償金を業者に請求したい
　…など8項

管理を委託した不動産業者を信頼できないが、どうしたらいいでしょうか

1 業者任せにしないで自分でもチェックする

賃貸アパートや賃貸マンションの大家さんは、多くの場合、借家人の募集や仲介、その後の契約事務から物件の管理まで、実際の業務は不動産業者（法律上は**宅地建物取引業者**という）に委託するのが普通です。大家さんは通常、不動産業者が仲介した相手に部屋を貸します。

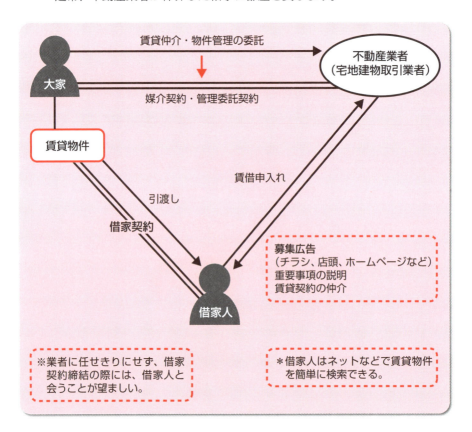

この物件の仲介を媒介と言いますが、大家さんと不動産業者の間では通常**媒介契約**が結ばれます（前頁図参照。業者が大家さんの代理人となる代理契約もある）。この媒介契約、媒介手数料など、不動産業とその業者や業務について定めた法律が**宅地建物取引業法**です。

　なお、借家契約締結後、借家人が貸室に入居し、契約終了により退去するまでの家賃の集金やトラブルの解決、また賃貸物件の保守点検は、大家さんは通常、管理会社に委託します（**管理委託契約**結び管理委託料を払う）。

　媒介契約と管理委託契約は、それぞれ別の業者に頼んでもかまいません。管理委託契約を結ぶ管理会社（賃貸住宅管理業者という。賃貸住宅の管理業務等の適正化に関する法律で規制。4章12項186頁本文参照）。しかし、小規模な大家さんの場合には、媒介契約を結んだ不動産業者に管理業務も合わせて委託する方が便利で、効率的です。

所有する賃貸マンションの仲介や保守管理を頼んだ不動産業者が、何となく信用できません。どうしたらいいですか。

本当に信用できない業者なら、媒介契約や管理委託契約を解除すればいいと思います。しかし、ご質問のように「何となく信用できない」と感じる場合、大家さんの思い込みや誤解によることも少なくないのです。こういう場合、業者に直接疑問をぶつけてみるといいでしょう。業者が契約内容に従って、誠実に業務を遂行しているとわかれば、安心できるはずです。

　また、すべてを業者任せにしている大家さんも多いと思います。しかし、賃貸物件は大事な資産ですから、その現状を常に自身でチェックすべきです。たとえば、募集広告の反応はどうか、入居した借家人とトラブルはないか、物件の清掃や保守管理の状況はどうかなど、業者の報告を鵜呑みにしないで、自身でチェックし、確認してください。

　不動産業者と信頼関係を気づくためには、業者任せは禁物です。

どんな業者を選んだらいいですか。

199

チャートで見る 【信頼できる業者の見分け方】

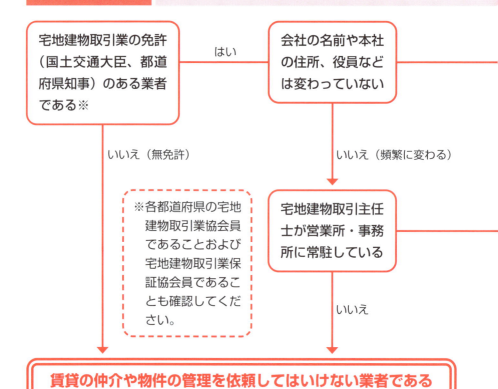

 信用できる業者を選ぶのが一番です。ところで、不動産業（宅地建物取引業）は免許事業です。不動産業を行うには、事務所を置く住所地を管轄する**都道府県知事または国土交通大臣**（後者は二つ以上の都道府県に事務所を置く場合）**の免許を受けなければなりません**（宅地建物取引業法3条）。賃貸物件の仲介や管理は、必ずこの免許業者に依頼してください。

 免許業者かどうかは、どうすればわかりますか。

どんな不動産業者が安心か

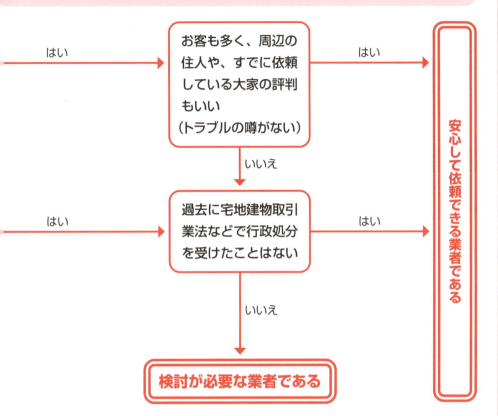

　免許を取得した不動産業者については、免許番号と取得年月日、その商号、所在地、役員などの氏名など法定事項が明記された**宅地建物取引業者名簿**が作成されていて、都道府県の担当課などで閲覧できます（法8条、10条）。免許業者かどうかは、この名簿で確認してください。

　なお、不動産業者は法律で、「宅地建物取引業」の免許を事務所に呈示することが義務付けられています（法50条）。事務所内の誰でも気づく場所に、この免許証が掛けられていれば、免許業者と考えてもいいでしょう。どんな不動産業者が安全か、その見分け方の目安を上記のチャートで紹介してありますので、参考にしてください。

頼むなら、大手業者がいいですか。

 大手業者のメリットは、その知名度と集客力です。最近では、貸家・貸室を探す消費者（借家人）は、インターネットの検索機能を利用することも多いでしょう。ＴＶＣＭを頻繁に流し、ホームページに多数の物件が紹介されている業者に委託したいと考える大家さんも少なくないはずです。

しかし、賃貸物件の取扱方法などがパターン化されるため（メリットとも言える）、小規模な大家さんは、必ずしも希望通りのサービスが受けられとは限りません。大家さんの個人的事情もよく知っていて、それを考慮して借家人を探したり、物件を管理する、いわゆる「かゆいところに手が届く」ような業者は、大手業者より近所にある「町の不動産屋」に多いと思います。

業者を選ぶ基準は、大手・中小という規模より、まず信頼性を重視すべきです。たとえば、次の項目をすべてクリアーする業者は信頼できます。

・都道府県知事または国土交通大臣の免許を受けていること
・その地域で事務所を開設してから歴史があること
・社名や役員、住所が長期間変わらないこと
・取引の相手方（大家さん、借家人、同業者）や近隣の住人とトラブルが過去にないこと
・過去に宅地建物取引業法の行政処分など処分歴がないこと

この他、得意分野（居住用か事務所か）や営業地域も考慮してください。

ココがだいじです！

信頼できる不動産業者に仲介も管理も依頼する。
すべてを業者任せにせず、自分でも借家人との契約内容や物件の管理状況などをチェックし、不明な点は不動産業者に確認すること。

管理を任せた業者が約束を守らないが、どうしたらいいでしょうか

2 媒介契約や管理委託契約を解除する

大家さんと不動産業者の法律関係は、借家人が決まり借家契約を結ぶまでは**媒介契約**（または代理契約）、入居後の借家人との連絡や交渉、賃貸物件の保守管理は**管理委託契約**となります。媒介と管理委託をそれぞれ別々の業者に頼むこともできますが、個人の大家さんなら、媒介契約を結ぶ不動産業者にあわせて頼む方が面倒はありません。

媒介契約を結ぶ場合、どんなことに注意したらいいですか。

媒介契約には、**一般媒介契約、専任媒介契約、専属専任媒介契約**の３種類があります（次頁表参照）。たとえば、一般媒介契約では、複数の業者に仲介を依頼できますが、専任契約は他の業者に重ねて依頼できません。また、大家さんは自分でも借家人を見つけることができますが、専属専任媒介契約ではできない決まりです。

　媒介契約を結ぶと、大家さんと不動産業者は媒介契約書を交わします。契約書は通常、業者が作成し、記名押印して大家さんに渡しますが、大家さんの中には面倒だと、ろくに内容に目を通さない人もいるのです（大家さんが承諾すれば、契約書は書面でなく電磁的方法でも可）。しかし、媒介契約に際しては、業者側の口頭による説明を鵜呑みにせず、どの取引態様の媒介契約か、違約金条項やその他の条項はどうなっているかなど、必ず契約書全文に目を通し、疑問点があれば業者に確認してください。契約書にサインしてしまうと、予想外に不利な条項が入っている場合でも、公序良俗に反する条項でもない限り、その内容を変えるのは至難の技です。

【取引態様の種類・媒介契約】

取 引 態 様	内　　　容
一 般 媒 介 契 約 大家さんは依頼した不動産業者以外の業者にも重ねて媒介の依頼ができる	依頼者は、他の業者にも依頼した場合、依頼した業者を明示する義務がある場合と、ない場合がある。
専 任 媒 介 契 約 大家さんは依頼した不動産業者以外の業者には重ねて媒介の依頼ができない	依頼者は、自分で取引相手を探せる。 契約の有効期間は3か月（更新はできるが、更新期間は3か月を超えられない）。業者は、依頼者に、2週間に1回、報告義務がある。3日以内に専属専任媒介契約したことを指定流通機構に登録する義務がある。また、目的物件も流通機構に登録が義務付けられた。
専属専任媒介契約	依頼者は、自分で取引相手を探せない。 業者は、1週間に1回、報告義務がある。

　なお、売買や交換の媒介契約は、法律（宅地建物取引業法34条の2第1項）で契約書に必ず入れなければならない記載事項が決められています。具体的には、物件の表示、売買価格、複数の業者への依頼の許否と明示義務、有効期間と解除、報酬、違約金などです。ただし、賃借の媒介契約は、記載事項について法律の定めはありません。

不動産業者の仲介で借家人が決まりました。大家の私は業者にいくら報酬を払えばいいでしょうか。業者は借家人から、すでに家賃1か月分を手数料として受け取っています。

払う必要はありません。居住用建物の場合、賃借の媒介をした不動産業者が大家さんから受け取れる報酬は、**原則として家賃の0.5か月分**（消費税別）以内です。また、借家人から受け取れるのも家賃の0.5か月分（消費税別）以内と決まっています。
　ただし、その**合計額が家賃の1か月分（消費税別）以内**なら、**大家さんと借家人のどちらか一方からとってもかまいません。**

この業者の場合、すでに借家人から1か月分を受け取っているので、報酬を重ねて大家さんに請求することはできないのです（同法46条2項）。また、業者は、不当に高額な報酬を要求することを禁じられています（同法47条2号。違反者は1年以下の懲役もしくは100万円以下の罰金、併科もある）。

管理委託契約を結ぶ場合、どんなことを注意すればいいですか。

媒介契約同様、契約書は不動産業者が用意するのが普通です。必ず契約書の全文に目を通し、不当に不利な条項がないか確認してください。また、後々のトラブルを避けるためには、管理対象部分とその管理業務の内容は、より具体的に、かつ明確に記載する必要があります。報酬も総額ではなく、個々の業務について細かく決めて置くべきです。

　業者の契約書が一括表示、総額表示の場合、契約書を作り替えてもらうか、別紙内訳を作らせてください。この程度の要求を受け入れてくれない業者は管理を任せるのは不安です。

　なお、管理委託契約に記載される事項は、戸建て、アパート、マンションなど賃貸物件の種類や規模により、その内容は若干異なります。マンションの場合は、物件表示と管理対象部分、管理業務の内容と実施方法、管理事務費の負担と支払方法、管理会社の義務と責任、免責事項、当事者の通知義務、契約解除、管理会社による専有部分への立入り条項などです。

【参考】
マンションの管理組合とマンション管理業者（マンション管理適正化法）の標準管理委託契約書のサンプルが国土交通省から公表されています。賃貸マンション用ではありませんが、インターネットでも見られますので参考にしてください。

知り合いの不動産業者に、賃貸マンションの仲介業務と管理業務を任せていますが、業者は募集広告などもまるで出さず、また高額な管理費を取るくせに、約束（契約）した掃除や点検などをまったくしてくれません。

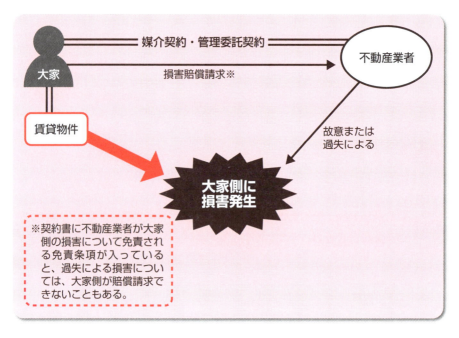

　　いい加減で信頼できませんので、契約期間はまだ１年以上残っていますが、今すぐ契約を解除できますか。

大家さんは自分の大切な資産管理を託すわけですから、こういういい加減な業者は許せないでしょう。業者が大家さんの意に反した行動を取る場合は、その行為を直ちに止めるよう申し入れ、それでも止めないときは、業者との契約を解除できると思います。
　もっとも、ここでいう「大家さんの意に反する行動」とは、あくまで媒介契約や管理委託契約に反する行為、その他信頼関係を損なう行為のことです。たんに大家さんの思い通り動いてくれないとか、契約にないサービスをしてくれない、ということではありません。

管理を任せている業者のミスで、借家人退去後の貸室の修繕が遅れ、その部屋を３か月ほど貸すことができませんでした。
　新しい借家人が入居していれば、もらえるはずだった３か月分の家賃を業者から取れませんか。

206

不動産業者やその従業員の故意または過失で、大家さんに損害が生じた場合、大家さんは業者に対し、不法行為または債務不履行に基づく損害を賠償するよう請求できます（前頁図）。

ご質問の場合、大家さんの損害は業者側の責めによるものですから、管理委託契約に**免責条項**がなければ、大家さんは損失分（3か月分の家賃相当額）を業者に請求できるでしょう。

業者が免責になるのは、どんな場合ですか。

台風や地震など天災による損害は、通常免責です。また、不動産業者に責任（故意または過失）のない損害、業者が善良な管理者の注意をもって管理をしたにもかかわらず発生した損害については、大家さんは業者に対し、原則として賠償を請求できません。

なお、業者側の責めに帰する事由により生じた損害でも、「業者は一切賠償義務を負わない」など、大家さんに一方的に不利な免責条項が入った契約書もあります。この項の始めに、業者の口頭説明を鵜呑みにして、ろくに契約書の内容に目も通さないでサインしてはいけないというのは、こういう条項が入っていることがあるからです。

契約する際は、契約書の内容に必ず目を通し、不明な点は業者に確認し、一方的に不利な条項を押しつけられないようにしてください。

ココがだいじです！

不動産業者が勝手な行為をした場合、媒介契約や管理委託契約を解除できる。業者の故意や過失により大家さんに損害が発生した場合、大家さんは業者に対し、損害賠償を請求できる。

管理会社が力ずくで追い出した借家人に訴えられたのですが

3 大家さんも賠償責任を問われることもある

どんな理由があっても、大家さんや管理会社が法的手続きを取らずに借家人を追い出す行為は、**自力救済**といって認められません。こういう行為は**不法行為**ですから、借家人側から損害賠償請求を受けることもあります。

なお、管理会社が自力救済による解決を図った場合、大家さんも賠償責任を問われる可能性があるのです（1章4項参照）。

管理会社が勝手にやった場合でもですか。

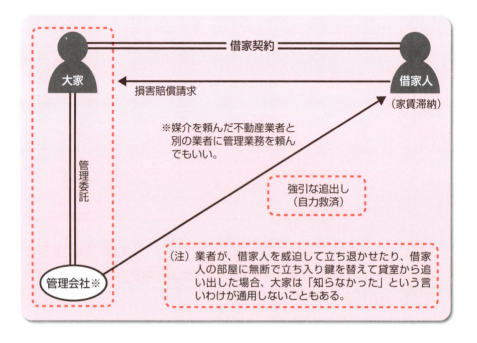

はい。管理会社には、大家さん所有の賃貸物件の清掃や修繕を行う保守点検業務と、大家さんに代わって、借家人から滞納家賃を取り立てたり、借家人が無断で行った増改築や特約で禁止されたペット飼育などの違反行為を中止させるなど、入居後の借家人との交渉業務とがあります。

後者の場合には、大家さんが業者に自力救済を唆したり、自力救済を黙認している場合だけでなく、その事実を知らなかったときでも、借家人に損害が生じた場合、管理会社とともに賠償責任を負わされる可能性があります。「管理会社が勝手にしたこと」という言い訳は通じないのです。

私は管理会社に対し、常々強引な取立てや借家人を威迫するようなことはしないようにと言っています。そういう場合でも、管理会社が私の指示を無視して、やった自力救済の行為に、大家として責任を問われるんですか。

大家さんが日頃から、そのような指示や依頼をしていれば、責任は免れると思います。しかし、それを証明することは、「悪魔の証明」といって、難しいかもしれません。管理会社が大家さんの指示を無視していることがわかった時点で、大家さん本人か、その代理人（この管理会社以外）が借家人と直接交渉し、示談や和解を図ることです。なお、管理会社との委託契約を速やかに解除すると、借家人側の心証もよく、交渉はスムーズに進みます。

滞納家賃の取立てで管理会社の社員に脅されたと、借家人が警察に被害届を出しました。私も事情聴取されましたが、逮捕されることはありますか。

管理会社に強引な取立てをするよう指示を出していなければ、大家さん本人が刑事訴追されることはまずないと思います。

ココがだいじです！

管理会社が勝手にやったこと、という言いわけは通らない。
管理会社の自力救済を見過ごすと、借家人から損害賠償請求されることも。

不動産業者が倒産したら、借家人から預かったままの前家賃や礼金は？

4 預かり金をもらえなくても借家人に再請求はできない

物件の仲介を頼んでいた不動産業者が、新規入居者との契約を結んだ直後に倒産（借金や買掛金など債務が支払えない状況に陥ることをいう）し、業者が借家人から預かった礼金や前家賃を大家さんが受け取れないという話は、そう珍しいことではありません。

この場合、業者が借家人から預かった金銭が、大家さんの銀行口座に入金されていれば問題ありませんが、預かり金として業者の手元に現金で残っていると、厄介です。

業者が預かり金として持っていると、どうなりますか。

不動産業者との取引により損害を受けた大家さんは、それが宅地建物の取引（賃貸借契約の媒介・代理）に関して生じたものなら、業者が供託している営業保証金（または弁済業務保証金。宅地建物取引業法25条）の還付を請求できます（法27条）。

しかし、入居後の家賃集金や借家人との連絡交渉、賃貸物件の保守管理を行う賃貸借の管理業務は「宅地建物の取引」には当たらないため、この還付請求はできません。

業者が、借家人が支払った前家賃や礼金を大家さんに渡さない（その口座などに移さない）まま倒産すると、大家さん（債権者）は業者の**破産手続き**（事業を清算し、総資産を換金して債権者に分配）や**民事再生手続き**（事業を継続。債権カットもある）終了まで、債権の回収が原則できません。

たとえば、破産手続きでは、その開始時点で業者の手元にある現金はすべて破産財団に組み入れられ、大家さんは受け取れなかった礼金や前家賃を破産債権として請求できるだけです（下図参照）。

債権者の大家さんに、債権全額が戻ることはまずありません。

そんなに時間をかけず、借家人が払った前家賃や礼金を全額もらえる方法はありませんか。

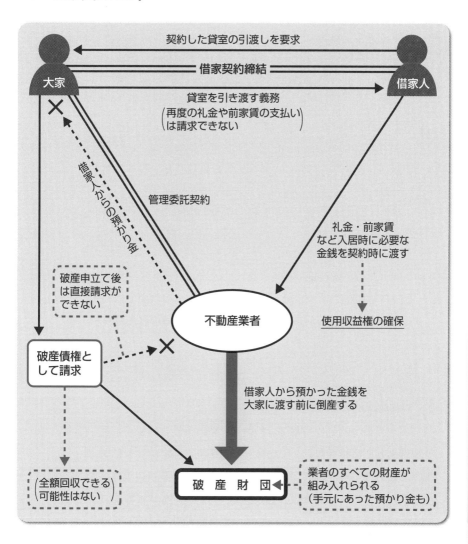

裁判所から倒産者の資産保全命令が出るまでの間に、業者から預かり金を受け取ってしまうという便法が、現実には使われているようです。ただし、この方法は他の債権者とトラブルを引き起こすことになりますし、また法律に抵触する可能性もあります。

借家人に、再度礼金や前家賃を請求できませんか。

できません。業者の倒産で、大家さんが礼金や前家賃を受け取っていないとしても、借家人は自分の債務を履行しています。大家さんは、借家人に貸室を引き渡さなければならないのです。

賃貸物件の保守や修繕で頻繁に出費があります。そのたびに、一々支払いをするのは面倒なので、借家人から受け取る家賃以外の金銭については別口座にプールし、印鑑ごと預金通帳を倒産した業者に預けていました。
　ところが、業者はこの預金を資金繰りに流用してしまい、退去する借家人に返す敷金が残っていません。こういう場合、私は借家人に敷金を返さなくても済みますか。

大家さんは、敷金から滞納家賃など約定の金額を差し引いた残額を借家人に支払わなければなりません。管理業者が勝手に使い込んでしまったので払えないなどという言いわけは許されないのです（本章6項参照）。

ココがだいじです！

受け取れなかった預かり金は、業者への未払報酬など債務を差し引いて、破産債権として請求することになる（全額回収の可能性はまずない）。
預かり金が受け取れなくても、契約した借家人に再度礼金や前家賃を請求することはできない（契約した貸室を引き渡す義務がある）。

入居者探しを2つの業者に並行して頼むことができますか

5 一般媒介契約なら他の業者に頼める

「借家人でいつも満室にしたい。」大家さんなら、誰もが望むことです。なかなか空き室が埋まらない物件や初めて賃貸物件を持った大家さんの中には、借家人の仲介を複数の不動産業者に頼みたいと思う人もいるでしょう。業者との契約が**一般媒介契約**なら、複数の業者に頼むことも可能です。

私の場合、**専任媒介契約**ですが、なかなか借家人が決まらないので他の業者にも頼もうと思います。別の業者に頼むことはできませんか。

できません。専任媒介契約の場合には、別の業者に重ねて仲介を頼むことはできないのです（本章2項表参照）。別の業者に依頼し、その仲介で借家人を見つけると、違約金を請求されることがあります。業者と結んだ媒介

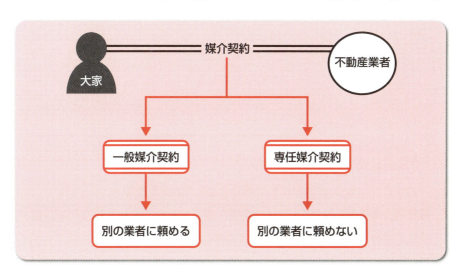

213

契約の契約書（次頁参照）で違約金条項がどうなっているか確認してください。

専任媒介契約なのに、業者は何もしてくれません。友人や知人に頼んだり、自分のブログで借家人を募集しようと思いますが、まずいでしょうか。

専任媒介契約であれば、大家さんが自分で借家人を探してくることは認められています。ただし、**専属専任媒介契約**の場合には、大家さん自身で借家人を探せない決まりです。もっとも、探してきた借家人を業者に紹介し、業者が契約手続きを行い、キチンと仲介手数料を支払えば問題ないと思います。

賃貸アパートに空き室ができ、なかなか埋まりません。私が専任媒介契約を結んでいる業者は、どうなっているか尋ねても、「そのうち決まりますよ」と言うばかりで、もう半年が経ちます。この1か月は、どうなっているのか、連絡もくれません。他の業者に変えることは可能ですか。

可能です。専任媒介契約の業者は、大家さんに2週間に1回以上の報告義務があります（宅地建物取引業法34条の2第9項）。この業者は1か月以上、大家さんへの状況報告を怠っていますので、明らかに契約違反です。債務不履行を理由に契約を解除すれば、他の業者に頼めます。なお、専任媒介契約の有効期間は原則3か月ですので、更新をしていなければすぐ、また更新をしている場合は再更新をしないで、他の業者に変えればいいでしょう。

ココがだいじです！

一般媒介契約なら、複数の業者に仲介を頼んでもかまわない。
専任媒介契約を結んだのに、他の業者に仲介を頼んで借家人が決まると、業者にペナルティーを請求されることもある。

【サンプル】賃貸物件の賃貸借専任媒介契約の契約書

　　　　賃　貸　借　専　任　媒　介　契　約　書

　依頼者山田太郎を甲、受任者株式会社凸凹不動産を乙
として、甲乙当事者間において、後期記載の山田第一レ
ジデンスの貸室（以下「本件物件」という）につき、次
のとおり賃貸借専任媒介契約を締結する。

第1条（目的）

　甲は乙に対し、本件物件の賃貸借媒介または賃貸借代
理を依頼し、乙は甲の依頼を引き受けた。

　乙は、次の賃貸借媒介業務を行うこととする。

①近隣の賃貸借物件の賃料を調査し、本件物件の適正
　な賃料など賃貸借条件を甲に提案する。

②本件物件について、乙作成のホームページ上への掲
　載の他、必要に応じて、情報誌などへの広告出稿、
　指定流通機構への登録、当社以外の宅地建物取引業
　者への紹介をする。

③本件物件の入居希望者からの問合せへの対応およ
　び説明、現地案内を行うこととする。

④本件物件の入居希望者の賃料支払能力および連帯
　保証人など保証能力を調査し、甲に報告の上、入居
　希望者選定の助言を行うものとする。

⑤本件物件の賃貸借に関わる重要事項説明書を作成、
　上記④で甲が承諾した入居希望者に重要事項説明
　書を交付、説明した上で、甲および賃借人となる入
　居希望者から本件物件の賃貸借契約書への署名押
　印を取り、双方に各1通ずつ契約書を交付する。

⑥本件物件の賃借人から上記⑤で締結した賃貸借契
　約に基づく敷金、礼金、前家賃などを受領して、甲
　に速やかに引き渡すとともに、甲から受け取った本
　件物件の貸室の鍵を賃借人に引き渡す。

「賃貸借専任媒介依頼書」などと書いてもいい。管理業務も併せて依頼する場合は「賃貸借専任媒介契約兼管理委託契約書」と書く（管理業務について別に契約書を作成することもできる）。

乙が受任（受託ともいう）した専任媒介業務の内容についてできるだけ具体的に記載する。契約書に羅列する方法と別表にする方法がある。
家賃回収、保守点検などの管理業務も乙に依頼する場合には、その管理業務についても具体的に記載する。

説明書の交付を書面に代えて電磁的方法の提供で行う場合、契約書を電子契約で行う場合はその旨を明記する。

第2条（契約の有効期間および更新）

①本件専任媒介契約の有効期間は、本契約締結の日から令和×年9月4日までの3か月間とする。

②本契約は有効期間満了に際して、甲から乙に対し、更新を申し入れ、乙が承諾することにより更新するものとする。ただし、甲乙双方から特段の申入れがない限り、同一の契約内容とする。

第3条（報酬ならびに費用）

①甲は、乙の媒介により本件物件の賃貸借契約が成立したときは、乙に対し賃料の1か月分を報酬として、同賃貸借契約締結日の翌月末までに支払う。

②甲は、乙が本件物件についての広告を情報誌などに出稿したときは、その実費を負担するものとする。ただし、賃貸借契約が成立するまで、乙はその支払いを免れることができる。

第4条（報告義務ならびに通知義務）

①乙は甲に対し、本件物件の賃貸借の媒介業務の状況について、本契約締結の日から2週間に1回以上、報告しなければならない。

②甲は、本件物件の賃貸借の媒介または代理を乙以外の宅地建物取引業者に重ねて依頼することができるものとする。ただし、甲は乙に対し、別途依頼した業者名を速やかに明示しなければならない。

③甲は、自ら見つけた賃借人と本件物件の賃貸借契約を締結することができることとする。ただし、その場合、甲は乙にその旨を通知しなければならない。

④甲は、上記③の賃借人と本件物件の賃貸借契約を締結する場合、重要事項説明書の作成、交付、説明、賃貸借契約書の作成などの事務手続きについては、乙に行わせるものとし、乙に対し、第3条①の報酬を支払わなければならない。

有効期間が3か月を超える媒介契約はできない。
それ以上長い期間を決めても3か月とされる。

報酬の上限は宅地建物取引業法で、決められている。広告費などの名目で報酬の上乗せをされないよう契約内容の確認厳守。

大家は他の業者に依頼をすることも自ら借家人を探すこともできるが、通知義務の特約がある場合は、その義務を怠ると違約金の支払いを請求させることもある（次頁第6条）。

第5章（契約解除）

　甲または乙は、互いに本契約に定める義務の履行を怠ったときは、相手方に相当の期間を定めて履行を催告し、その期間内に履行がない場合は、契約を解除できることとする。

第6条（損害賠償債務）

　甲が第4条②項ならびに③項の通知義務を怠ったときは、乙は違約金として本件物件の賃料1か月分を、甲に対し請求できるものとする。

第7項（管轄の合意）

　本契約に関する紛争については、乙の居住地を管轄する裁判所を管轄裁判所とすることに、甲乙当事者は合意する。

　上記のとおり契約が成立したので、本書2通を作成し、記名押印の上、甲乙1通を保有する。

　令和×年6月5日

　　　　　　　　依頼者（甲）　　住所
　　　　　　　　　　　　　　　　山田太郎　㊞
　　　　　　　　受任者（乙）　　住所
　　　　　　　　　　株式会社凸凹不動産
　　　　　　　　　　代表取締役社長凸凹一郎　㊞

　　　　物件の表示（省略）

業者が消費者契約法や宅地建物取引業法の違反行為をした場合、大家は契約解除できる。その旨も明記することが望ましい。

違約金条項は有効だが、媒介報酬や媒介業務の実費を超える金額は問題である。

媒介業務が行えるのは宅地建物取引業者に限られる。

※大家さんと不動産業者が合意すれば、本契約を電子契約で行うことも可能。

5章　媒介・管理業者とのトラブルに対処する法

管理を任せた業者が家賃を資金繰りに流用しているようですが

6 すぐ契約を解除し返還を求める

賃料の支払方法が、借家人が大家さんの銀行口座に直接家賃を入金する約定なら、このようなことはまず起こりません（4章1項・普通借家契約サンプル3条参照）。ただし、借家人が家賃を不動産業者に直接届ける約定だったり（**持参債務**という）すると、資金繰りに困っている業者が一時的に流用することが起きないとも限りません。業者に流用される不安があるなら、家賃の支払方法を銀行振込に変更するのも一つの方法です。

銀行振込みにすれば、業者の家賃流用は絶対防げますか。

絶対はありません。たとえば、入金口座の通帳を業者に預けっぱなしの大家さんもいます。借家人が家賃を払ったかどうか一々記帳に行くのが面倒で、その事務も業者にしてもらうためです。

通帳がなくても、キャッシュカードやネットバンキングなどで入金された家賃は引き出せます。そのため、通帳は業者に預けっぱなしなのです。

支払方法を変えたら、借家人と契約のやり直しが必要ですか。

大家さんが借家人に家賃の支払方法を銀行振込に変えるよう要請し、借家人が同意すれば、口約束でもかまわないと思います。しかし、後々のトラブルを避けるためにも、やはり借家人との間で支払方法変更の契約書や覚書などを交わしておくといいでしょう。

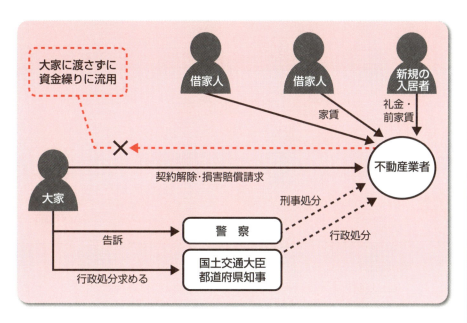

　いずれにしろ、借家人からの家賃入金の確認は業者任せにしないで、必ず大家さんが自身でしてください。信用しすぎるのは危険です。

業者の家賃流用が事実なら、どうすればいいですか。

業者との媒介契約や管理委託契約を解除し、同時に流用された家賃の返還を催告してください。返還されない場合は、業者を相手取り**損害賠償を求める**民事裁判を起こし、さらに警察に**業務上横領罪で告訴する**とともに、業者の宅地建物取引業免許を管轄すると都道府県などに行政処分を求めることです。

ココがだいじです!

すぐに業者との媒介契約・管理委託契約を解除し、流用された家賃などの返還を求める。

業者が返済に応じない場合、業務上横領で告訴することもできる。

媒介や管理を頼んだ不動産業者を変更できますか

7 契約期間満了前でも事情によりできる

不動産業者との媒介契約や管理委託契約は、契約期間を定めるのが普通です（媒介契約の有効期間は3か月が上限）。その期間が満了すれば、大家さんも業者も特別に理由がなくても契約の更新をする必要はありません（更新は可能。下図参照）。

契約が満了すれば、大家さんは業者の変更ができます。

契約期間が終わらないと、業者の変更はできませんか。

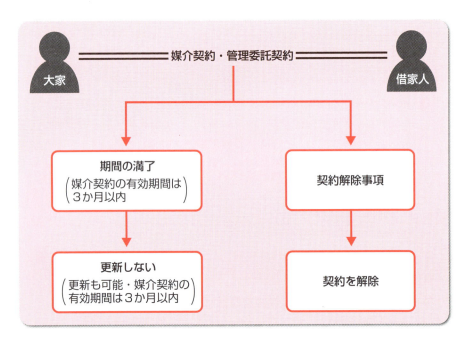

そんなことはありません。前項のように、業者が借家人から受け取った家賃などを資金繰りに流用した場合、契約上の義務を履行しないなど業者に契約違反があった場合、また業者が不渡りを出すなど事実上倒産した場合などは、契約期間中であっても、大家さんは契約を解除できます。

なお、そういう事由がとくになくても、媒介や管理を委任する契約は、民法上、いつでも契約を解除していいことになっています（法651条1項）。

一方的に契約を解除した場合、ペナルティーとかないんですか。

あります。業者側に上記のような解除事由もないのに、大家さんが一方的に契約を解除した場合には、それにより業者側に損害が生じれば、大家さんはその損害を賠償しなければならないこともあります（同2項）。

【参考】
民法651条①委任は、各当事者がいつでもその解除をすることができる。
②前項の規定により委任の解除をした者は、次に掲げる場合には、相手方の損害を賠償しなければならない。ただし、やむを得ない事由があったときは、この限りではない。
　1 相手方に不利な時期に委任を解除したとき
　2 委任者が受任者の利益（専ら報酬を得ることによるものを除く）をも目的とする委任を解除したとき

ココがだいじです！

業者に契約違反、信頼関係を損なう行為があったときは、契約を解除し、他の業者に変えることができる。
業者に責任のない理由による変更は損害賠償を求められることもある。

5章　媒介・管理業者とのトラブルに対処する法

施工業者のミスで立ち退く借家人の引越し代を業者に請求できますか

8 免責条項があると業者に請求できないことがある

施工業者のミスで、賃貸物件にキズが見つかり、修繕が必要になった場合、その修繕費は通常施工業者が負担します。その場合、借家人が賃貸物件から立ち退かなければならなくなったとすると、大家さんは借家人に対し、転居先の家賃との差額や引越し代などを負担しなければなりません。

賃貸マンションや賃貸アパートの借家人は、一般的に個人（消費者）ですので、消費者契約法が適用されます。地震や台風など天災による物件の

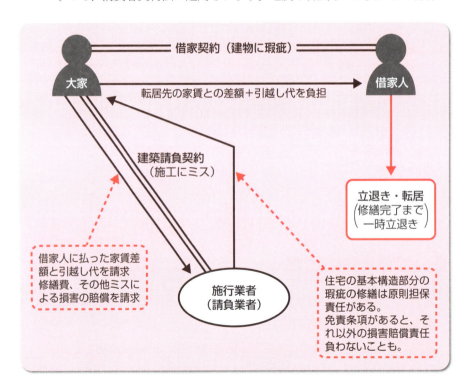

破損を除けば、施工ミスによる立退きなどで、借家人が一方的に不利な免責条項を設けても、その条項自体が無効です。大家さんは借家人の転居費用などの負担を免れません。

借家人に家賃の差額や引越し代を払うのは仕方ありませんが、私が支払った金額は、アパートの建築を請け負った施工業者に請求できますよね。

はい。原則的には、大家さんは借家人に払った立退き・転居費用を施行業者（請負業者）に請求できます。ただし、業者と交わした「賃貸アパート建築請負契約書」に、大家さんに一方的に不利な業者の免責条項が入っていると、その内容によっては借家人に払った金額を請求できないこともあるのです。また、免責条項がなくても、払った全額を請求できるとは限りません。

まさか、アパートの修繕費も免責条項があると、業者に請求できないなんてことはないですよね。

天井、床、柱、壁、屋根など、住宅の基本構造部分の破損やキズ（瑕疵）については、引渡しから10年間は請負業者が担保責任を負うことになっています（住宅の品質確保の促進等に関する法律94条）。この規定は、請負契約締結の際、業者の責任を軽減する条項を設けることを認めていません。
　借家人が貸室から立ち退かなければならないような瑕疵があったのですから、修繕個所は基本構造部分と思われます。よって、大家さんは修繕費用を負担させられる心配はないでしょう。

ココがだいじです！

施行業者のミスによる住宅の基本構造部分の瑕疵は、引渡しから10年間は業者が責任を負う。
免責条項があると、上記以外の損害の賠償は業者に請求できないことも。

巻末付録	知っておきたい 裁判所を利用するトラブル解決の流れ

　借家人や不動産業者とのトラブルは、話合い（示談）により解決するのがベストです。しかし、話合いがうまくまとまらない場合、裁判所の各種手続きが利用できます。その解決は、最終的には正式裁判にするしかありませんが、その前に調停や少額訴訟を利用することも可能です。ここでは、大家さんが使える主な裁判手続きの流れを紹介します（右頁図参照）。

・家賃を滞納した借家人への催促は、必ず内容証明郵便でする

　借家契約の契約書には、「家賃の支払いを１か月以上怠ったときは、通知催告なしに契約を解除できる」という無催告解除条項が入っているのが普通です。しかし、実際には、借家人が１か月分の家賃を滞納したからといって、大家さんがいきなり裁判で立退きを求めても、裁判所は認めません（１章２項参照）。

　家賃を滞納された場合、大家さんはまず、「滞納している家賃を払ってほしい」と、その支払いを借家人に催促（督促という）することです。この場合、口頭やメールで催促するより、内容証明郵便を使うと効果的です。文言中には、「支払いなきときは法的措置を取る」など、相手に立退きを迫る内容も含まれていますから、口頭やメールでの催促には耳を貸さなくても、内容証明を受け取ると、借家人は必ず大家さんに連絡してきます。

　大家さんとしては、借家人と話合いによる解決が図れるわけです。

・内容証明郵便は借家人の家賃滞納時期や大家の督促開始時期の証拠になる

　借家人が滞納家賃全額を払えない場合でも、大家さんが話合いで、滞納分の分割払いを条件に、借家人が引き続き賃貸物件に住むことを認めれば、示談成立です。しかし、話合いがまとまらなかったり、借家人が示談内容を守らないときは、大家さんは裁判所に調停や少額訴訟を申し立てて、滞納家賃の回収が図れます。

　少額訴訟や調停は、大家さん本人でも申立てができますが、正式裁判は手続きが複雑です。解決（判決や和解）まで時間もかかるので、弁護士の助けを借りないと、大家さんに有利な結論を引き出すのは難しいでしょう。なお、内容証明郵便は裁判所での手続きを進める上で、確かな証拠になります。

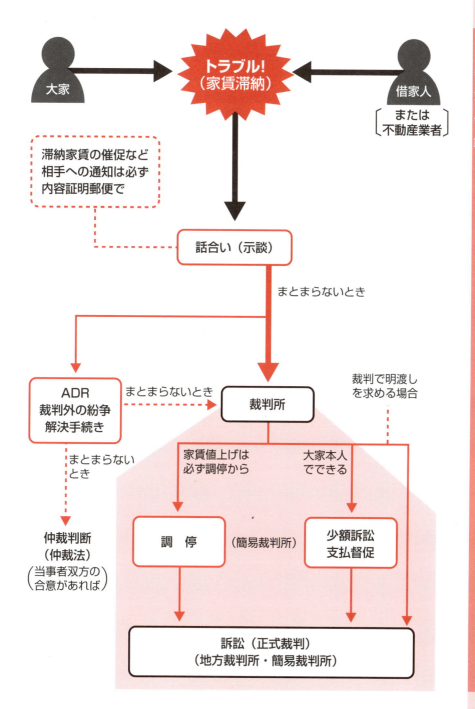

少額訴訟なら大家さん本人でできる

　裁判で滞納家賃を請求する場合、訴額（訴訟相手への請求額）が60万円以下なら、正式裁判（通常訴訟という）を起こすより少額訴訟が便利です（民事訴訟法368条）。費用もわずかですし、1回の審理で判決が出ます。

　訴状も、各簡易裁判所の窓口に備えてあり（用紙はダウンロードもできる）、それに必要事項を書き込むだけなので、弁護士など専門家に依頼しなくても、大家さん本人でもできます。

・相手が正式裁判を望むと、少額訴訟は使えない

　少額訴訟は簡易裁判所に申し立てます。ただし、同じ簡易裁判所に申立てできるのは、年10回までです。なお、滞納家賃や敷金の不足額充当、損害賠償など、金銭給付の請求はできますが、貸家・貸室からの退去・明渡し請求など、金銭給付以外の請求には、少額訴訟は使えません。

　また、少額訴訟を申し立てても、相手方（被告）が、「正式裁判にしてほしい」と、通常訴訟への移行を申し立てると、申立人（原告）の意思に関わらず、その訴訟は自動的に通常訴訟に移行します。

　たとえば、大家さんが借家人を相手取り、滞納家賃の支払いを求める少額訴訟を起こそうとした場合、大家さんは、①訴状（相手方の人数分を副本としてコピー）、②添付書類（借家人との貸室賃貸借契約書、借家人への滞納家賃請求の催告書など証拠書類のコピー）、③訴訟費用（訴額60万円でも6,000円）、④郵便費用（裁判所が申立人や相手方など訴訟当事者との連絡に使う切手代で、その人数により異なる。東京簡易裁判所の場合、相手が1名なら切手6,000円分。ただし、手続き終了後、未使用分は返還される。令和6年9月24日から実施）を用意して、借家契約で合意した管轄の簡易裁判所に提出するだけです。

　その訴状が受理されると、裁判所から大家さんと借家人に呼出状が届き、双方が期日に出廷すれば、その日のうちに判決まで出ます。裁判所は、借家人の経済状況により、分割払いや支払い猶予の判決を出すこともありますが、判決は確定し控訴はできません（少額訴訟の流れは右図参照）。相手方は少額訴訟が嫌なら、正式裁判への移行の申立てはできますが、反訴はできない決まりです。

・**少額訴訟の被告（相手方）は、答弁書で反論ができる**

　少額訴訟は、法律知識の乏しい一般の人でも利用できる簡単な訴訟手続きです。借家人が大家さんを訴える場合にも使われます。たとえば、敷金の返還のトラブルです。その場合には、大家さんが答弁書を提出します。次頁以下に、借家人の訴状と大家さんの答弁書を紹介しましたので、参考にしてください（滞納家賃を求める訴状は1章7項参照）。

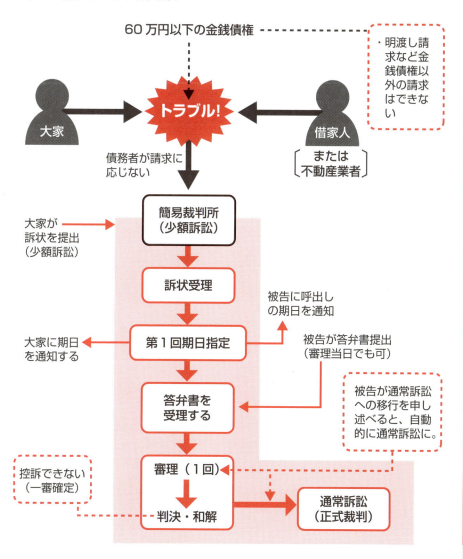

【サンプル】少額訴訟の訴状（借家人が敷金返還を求める場合）

訴　　　状

事件名　　敷金返還請求事件

☑少額訴訟による審理及び裁判を求めます。本年，この裁判所において少額訴訟による審理及び裁判を求めるのは　**1**　回目です。

　　　　　　×× 簡易裁判所　御 中　　　　　令和 × 年　6 月　28 日

借家人 →

原告（申立人）	〒×××−×××× 住　所（所在地） 　　　〇〇県〇〇市××町1丁目5番6号 氏　名（会社名・代表者名）　　××レジデンス　503号室 　　　　　田中　二郎　　　　　　　　　　　　　印 TEL 〇〇〇 − ××× − ×××× FAX　　− 　　−

送達場所等の届出	原告（申立人）に対する書類の送達は，次の場所に宛てて行ってください。 ☑上記住所等 □勤務先　名　称 　　　〒 　　　住　所 　　　　　　　　　　TEL　　　−　　　− □その他の場所（原告等との関係　　　　　　　　　　） 　　　〒 　　　住　所 　　　　　　　　　　TEL　　　−　　　− □原告（申立人）に対する書類の送達は，次の人に宛てて行ってください。 　氏　名

大家 →

被告（相手方）	〒×××−×××× 住　所（所在地） 　　　〇〇県〇〇市××町1丁目2番3号 氏　名（会社名・代表者名） 　　　　　山田　太郎 TEL 〇〇〇 − ××× −〇〇〇〇 FAX　　− 　　− 勤務先の名称及び住所 　　　　　　　　　　TEL　　　−　　　−

訴訟物の価額		円	取扱者
貼用印紙額		円	
予納郵便切手		円	
貼用印紙	裏面貼付のとおり		

②− 1　　　　　　　　　　　　　　　　　　　　　　　（982080）

敷金返還

請求の趣旨	1　被告は，原告に対して，次の金員を支払え。 　　　金　　**120,000**　　円 　☑上記金額に対する 　{□令和　×　年　3　月　1　日}から支払済みまで 　{□訴状送達の日の翌日　　　　　} 　　年5パーセント　の割合による金員 2　訴訟費用は，被告の負担とする。 との判決（□及び仮執行の宣言）を求めます。
紛争の要点（請求の原因）	1　賃貸借契約の内容 　　原告は，被告との間で，(2)の物件について，次のとおり賃貸借契約を締結し，引渡しを受けた。 　(1)　契約日　令和　○　年　3　月　2　日 　(2)　賃借物件　所在 　　　　　○○県△△市××町4丁目5番6号 　　　　名称（アパート名等）及び棟室番号 　　　　　山田荘　203号室 　(3)　賃借期間　☑　2　年　　□定めなし 　(4)　賃料　1か月金　60,000　円 　　　（令和　　年　　月　　日から1か月金　　　　　円） 　(5)　交付した敷金の額　　金　120,000　円 　(6)　敷金返還についての約定　□定めなし 　　　　　☑　建物明渡しの1週間後に返還する。 2　賃貸借契約終了日　　　令和　×　年　3　月　1　日 3　物件を明け渡した日　　令和　×　年　3　月　1　日
	その他の参考事項 被告は、敷金はクリーニング代及びリフォーム費用に充当したので、返すべき敷金はないと主張するが、通常使用による自然損耗以外にはない。
添付書類	☑賃貸借契約書　　　　□登記簿謄本又は登記事項証明書 ☑内容証明郵便　　　　□配達証明書 ☑敷金領収書　　　　　□

②-2

(982080)

【サンプル】大家さんの答弁書（借家人から敷金返還を求められた場合）

正式裁判を希望する
場合には、レ点入れる

裁判所から送られてきた「訴状」「口
頭弁論期日呼出状」の事件名、事件
番号、原告（借家人）の氏名を書く。

答 弁 書

☑（原則として１回の期日で審理を完了する）少額訴訟ではなく通常の手続による審理及び裁判を
求めます。

　　　　　　　××　簡易裁判所　御 中　　　　　　　令和 × 年 7 月 10 日

令和 × 年（少コ）第 ○○ 号		敷金返還 請求事件
原告 (申立人)	田中　二郎	
被告 (相手方)	〒×××－×××× 住　所（所在地） 　　　○○県○○市××町１丁目2番3号 氏　名（会社名・代表者名） 　　　山田　太郎　　　　　　　　　　　　印 ＴＥＬ○○○ － ××× －×××× ＦＡＸ 　　 － 　 －	

	送達場所等の届出	被告（相手方）に対する書類の送達は、次の場所に宛てて行ってください。 ☑上記住所等 □勤務先　名　称 　　　　〒 　　　　住　所 　　　　　　　　　　　　ＴＥＬ　　　 － 　　 － □その他の場所（被告等との関係　　　　　　　　　　　 ） 　　　　〒 　　　　住　所 　　　　　　　　　　　　ＴＥＬ　　　 － 　　 － □被告（相手方）に対する書類の送達は、次の人に宛てて行ってください。 　氏　名

請求の趣旨に対する答弁	1　原告の請求を棄却する。 2　訴訟費用は，原告の負担とする。 との判決を求めます。

	予納郵便切手	円	取扱者

⑨－1

(982090)

230

	訴状に紛争の要点（請求の原因）として記載されている事実について
紛争の要点（請求の原因）に対する答弁	□全て間違いありません。 ☑次の部分が間違っています。 通常使用による自然損耗ではなく、申立人が床、壁、窓ガラスを破損した。 □次の部分は知りません。
	私の言い分は次のとおりです。 申立人の破損した床、壁、窓ガラスの修繕費用として156,000円かかっており、返還すべき敷金はない。
	□話合いによる解決（和解）を希望します。 □分割払を希望します。（1か月金　　　　　　円ずつ） 　　　　　　　　　　　（支払開始日　　　・　　　・　　　） □令和　　年　　月　　日に一括で支払うことを希望します。 □
	上記のような和解を希望する理由
添付書類	領収書 ×年3月1日申立人立退き時、貸室内写真

⑨－2　　　　　　　　　　　　　　　　　　　　　　　　　　　　（982090）

調停は裁判所での話合い

トラブルの解決に裁判所を利用する場合、裁判でハッキリ白黒つける方法の他、調停委員を交えて話し合う調停（民事調停）があります。調停は、裁判より費用も安く、手間もそれほどかかりません。また、本人だけでできるため、利用しやすい方法です。借家契約をめぐるトラブルでは、貸家・貸室からの退去・明渡し、賃料（家賃）の改訂、増改築の許諾や更新料などの揉めごとなどは、話合いがまとまらない場合、調停手続きを利用して解決を図ることができます。

なお、家賃値上げ（値下げ）の紛争は、いきなり裁判（訴訟）にはできません。まず、調停から始めます（調停前置主義。民事調停法24条の２）。

・調停で合意した内容は判決と同じ効力がある

大家さんが調停を申し立てる場合、その申立てには、①民事調停申立書（紛争の当事者の住所氏名、申立ての趣旨、紛争の要点を記載）２通、②調停費用（調停の価額100万円以下は10万円ごとに500円）、それに③連絡用の郵便切手（当事者の人数などにより異なる）が必要です。

大家さん（申立人）は、借家人（相手方）の住所地を管轄する簡易裁判所に調停申立てをするのが原則です（大家さんと借家人が合意すれば、それ以外の簡易裁判所を管轄にすることはできる。４章１項・普通借家契約書11条参照）。大家さんが調停を申し立てると、裁判所は当事者に調停期日を通知し、その期日に大家さんと借家人が出廷し、調停委員と裁判官（調停委員会という）を交えて話合いをするという流れです（右頁図参照）。その期日に当事者のどちらかが出廷しないと、調停は原則開かれません。

なお、調停がまとまると、その合意内容は調停調書に記載され、判決と同じ効果があります。ただし、調停での話合いを繰り返しても合意できない（まとまらない）場合、不調といって調停は終わりです。調停の相手方の中には、申立人は裁判まではしないだろうと検討をつけて、わざと不調を狙う人もいます（無断欠席は５万円以下の過料に処せられる）。

この場合には、申立人は請求を諦めるか、正式裁判を起こして決着をつけるしかありません。

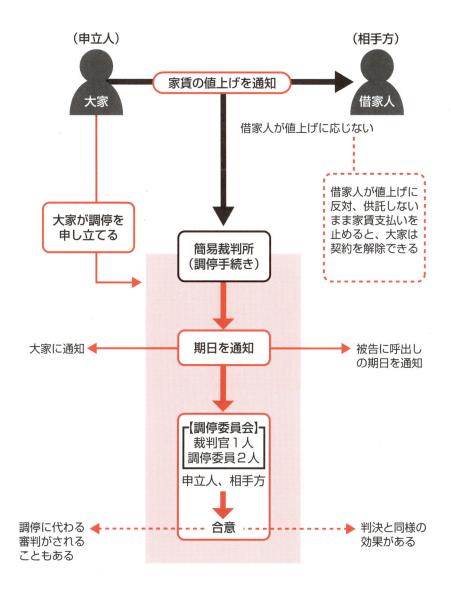

正式裁判は弁護士を頼むのが一般的

簡便で、その日のうちに判決が出る少額訴訟と比べ、正式裁判（通常裁判という）は費用も手間もかかります。なお、訴訟手続きも複雑なので、弁護士の助けがないと、裁判は有利に戦えません（弁護士を頼まずに裁判をするのは自由です）。

・弁護士を頼むと、大家さんは裁判に出なくてもかまわない

正式裁判を申し立てる裁判所は、訴訟額140万円以下は簡易裁判所で、それ以外は地方裁判所です。また、被告（たとえば家賃を滞納した被告人）の住所地を管轄する裁判所に申し立てることになっていますが、当事者が合意すれば、原告（大家さん）の住所地を管轄する地方裁判所と決めることもできます（4章1項・一般的な借家契約書サンプル11条、5章5項・賃貸借専任媒介契約書サンプル7条参照）。後者は、管轄裁判所は「乙」の住所地、つまり不動産業者の事務所を管轄する裁判所です。通常、契約書は業者側が用意しますから、自分に都合がいい管轄地を書き込んだ契約書を大家さんに渡します。

契約書の文言をキチンと読む慎重な大家さんでも、業者の報酬や免責条項の内容は注意して見ますが、管轄裁判所の場所まではまず素通りでしょう。しかし、管轄裁判所が遠隔地だと、裁判は起こせても、大家さん本人が毎回出廷することは困難です。そんな場合でも、弁護士を頼むと、代わりに出廷してくれます。

なお、大家さんが原告でも被告でも、裁判所に何の連絡もせずに裁判期日に出廷しないと、その裁判は負けです。弁護士を頼むと、こんなことは起こりません。

・裁判では弁護士の助言が重要になる

弁護士を頼まずに裁判を続ける大家さんの中には、「証拠もあるし、負けるはずがない。金を払って弁護士を雇うなんて無駄だ」と、自信たっぷりで法廷に行く人も少なくないようです。しかし、裁判はそう甘いものではありません。

滞納家賃の支払いを求めて訴えたのに、大家さんが貸室の水漏れを修理してくれないので家具や本が傷んでしまったから弁償してほしいと、被告の借家人から反対に訴えられる（反訴という）こともあります。相手に弁護士が付いていると、その法廷戦術に振り回され、法律に素人の大家さんでは太刀打ちできません。

なお、弁護士に知り合いがいない場合は、各地の弁護士会や「法テラス」で紹介してもらえます。また、市民法律相談などで相談を受けてくれた弁護士の中に気に入った人がいたときは、その弁護士に頼んでもいいでしょう。いずれにしろ、正式裁判を起こすなら、弁護士の助けが必要です。

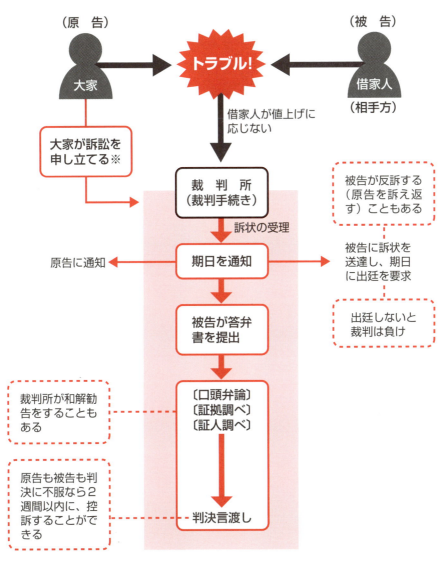

※訴訟額140万円以下は簡易裁判所、それ以外は地方裁判所に申し立てる

【巻末資料】 賃貸建物の損耗・毀損の原因が、借家人の住まい方・使い方によるものかどうかを判断する場合の考え方（抜粋）

区分　部位	A〔借家人の通常の住まい方、使い方をしていても発生すると考えられるもの〕			B〔借家人の使い方次第で発生したりしなかったりするもの〕
	次の入居者を確保するための化粧直し、グレードアップの要素がある（大家負担が妥当）	（通常使用による損耗や自然損耗は原則、借家人の責任問えない）	借家人のその後の手入れ等管理が悪く発生、拡大したと考えられるもの（＋B）	（明らかに通常の使用による結果とは言えないもの）（借家人の故意・過失が多い）
床（畳、フローリング、カーペットなど）	・畳の裏返し、表替え（とくに破損等していないが、次の入居者確保のために行うもの） ・フローリングのワックスがけ （物件の維持管理の意味合いが強く、大家負担とするのが妥当と考えられる）	・家具の設置による床、カーペットの凹み、設置跡 ・畳の変色、フローリングの色落ち（日照、建物構造欠陥による雨漏り等で発生したもの）	・カーペットに飲み物等をこぼしたことによるシミ、カビ（除去は借家人負担が妥当） ・冷蔵庫下のサビ跡（床に汚損等の損害与えれば、借家人の善管注意義務違反になる場合が多い）	・引越し作業で生じた引っかきキズ（借家人の善管注意義務違反または過失に当たる場合多い） ・畳やフローリングの色落ち（借家人の不注意で雨が吹き込んだなどによるもので、借家人の善管注意義務違反が多い） ・落書き等の故意による毀損
壁、天井（クロス）		・テレビ、冷蔵庫等の後部壁面の黒ずみ（いわゆる電気ヤケ） ・壁に貼ったポスターや絵画の跡（壁のクロス等の変色は日照等自然現象） ・借家人所有のエアコン設置による壁のビス穴、跡	・台所の油汚れ（手入れが悪くススや油が付着している場合は、通常使用による損耗超えている） ・結露を放置したことにより拡大したカビ、シミ（通常使用による損耗超えているとの判断が多い）	・タバコ等のヤニ、臭い（喫煙禁止の建物なら用法違反になる） ・壁等の釘穴、ネジ穴（下地ボードの張替えが必要なもの） ・借家人設置のクーラーから水漏れし放置したため壁が腐食（保守は借家人の責任で、善管注意義務違反になること多い）

		・クロスの変色（日照等の自然現象によるもの） ・壁等の画鋲、ピン等の穴（下地ボードの張替えが不要な程度のもの）	・大家設置のクーラーから水漏れし放置したため壁が腐食（保守は大家の責任だが、借家人が水漏れ放置したり、その後の手入れを怠った場合、通常使用の損耗超えていると判断されることが多い）	・天井に直接付けた照明器具の跡（あらかじめ設置された照明器具用コンセントを使用しなかった場合は、通常使用による損耗を超えると判断されることが多い） ・落書き等の故意による設置
建具 （ふすま、柱など）	・網戸の張替え（破損はしていないが次の入居者確保のために行うもの）（入居者の入れ替わりによる物件の維持管理上の問題で、大家負担が妥当と考えられる）	・地震で破損したガラス（自然災害による損傷で借家人に責任はない） ・網入りガラスの亀裂（製品原因で自然発生）（借家人に責任はない）		・借家人の飼育ペットによる柱等のキズ・臭い（借家人負担と判断される場合が多い。ペット禁止の物件では用法違反にあたる） ・落書き等の故意による破損
設備、その他（鍵など）	・貸家・貸室全体のハウスクリーニング（専門家によるもの） ・エアコンの内部洗浄（喫煙等で臭いなどが付着していない） ・台所、トイレの消毒 ・浴槽、風呂釜等の取替え（破損等はしていない場合）（大家負担が妥当と考える）	・鍵の取替え（借家人の破損、鍵紛失でない場合）（大家負担が妥当） ・設備機器の故障、使用不能（機器の寿命による）（経年劣化による自然損耗で借家人に責任ない）	・ガスコンロ置き場、換気扇等の油汚れ、すす ・風呂、トイレ、洗面台の水垢、カビ等（使用期間中に清掃や手入れを怠った場合は、借家人の善管注意義務違反と判断されることが多い）	・日常の不適切な手入れ、もしくは用法違反による設備の毀損 ・鍵の紛失、破損による取替え（借家人による紛失や不適切使用による破損は借家人負担） ・戸建賃貸住宅の庭の雑草（草取り適切にしてなければ借家人の善管注意義務違反が多い）

（出典）国土交通省住宅局「原状回復をめぐるトラブルとガイドライン（再改訂版）」別表１より抜粋

あとがき

　賃貸アパートや賃貸マンションの大家さんにとって、所有する物件がいつも、家賃滞納や周囲とのトラブルを起こさない人で、かつ部屋を汚さず丁寧に使ってくれる借家人で満室になることが一番の望みでしょう。しかし、現実には、家賃滞納や部屋を破損するなど、トラブルを起こす悪質借家人が入居していることは珍しくありません。そもそも、賃貸物件をいつも入居者で満室にできるとは限らないのです。相続対策や投資目的で賃貸物件を取得、大家さんになろうと考える人も多いと思いますが、簡単に黒字経営にできるほど、大家さんの事業は楽ではありません。

　大家さんの多くは、借家人の募集・集客から物件の保守・管理まで、その仕事のほとんどを、不動産業者（宅地建物取引業者）や管理会社に委託するのが普通でしょう。ただし、大家さんは業務を業者任せにするのではなく、自身でも営業努力や物件の保守・整備を怠らず、また借家業務に欠かせない各種知識を学び、取得しなければなりません。大家さんの中には、不動産業者や管理会社にすべてを丸投げし、所有する物件に入居した借家人の顔も知らない人もいると聞きます。そんな大家さんに限って、借家人との間に揉め事が起き、媒介契約をした不動産業者や管理業務を委託した賃貸住宅管理業者とトラブルになると、どう対処していいかわからず、ただオロオロと困惑してしまうのです。

　本書の内容は、これから大家さんになる人や大家さんになってまだ間もないという人向けに、上手な借家の貸し方・借家契約の仕方、また家賃滞納を繰り返したり、用法違反や隣人・周囲とトラブルを引き起こす悪質借家人への対処法から、失敗しない不動産業者の選び方まで、大家さんとして知っていてほしい基本的な法律知識や各種手続きを紹介したものです。

　たとえば、家賃滞納や敷金、更新料をめぐる大家さんと借家人とのトラブル、アパートやマンションなど賃貸物件の仲介業務や管理業務を委託する不動産業者とのトラブルに悩まされているとき、大家さんはどうすればいいか、その具体的な解決法を、各事例ごとに、わかりやすく解説してあります。たんに「ベスト」「ベター」な手口だけでなく、相手方との泥沼の争いに陥らないための対処法も付け加えました。

また、借地借家法や宅地建物取引業法など、大家さんが知っておきたい法律の仕組み、上手な借家契約の結び方、そして家賃滞納や用法違反の借家人に対する催促の仕方、法律手続きに必要な内容証明や訴状の書き方なども、2024年（令和6年）10月末日の法令に基づいて紹介してあります。

　なお、前回（第4版）の刊行（2019年7月4日）以降に改正、あるいは新たに作られた大家さんをめぐる主な法律の動きは、次のようなものです。

・**民法**（債権法）　制定以来、約120年振りの大改正で、借家契約（賃貸借）に関連しては、「借家人の原状回復義務」や「敷金」の規定が明文化されました。また、民事法定利息が変動金利となり、2024年（令和6年）10月現在、年3％です。この改正は2020年（令和2年）4月1日から施行されています。

・**宅地建物取引業法・借地借家法**　デジタル改革関連法（デジタル社会の形成を図る関係法律の整備に関する法律）の一部施行に伴う法改正で、不動産契約のデジタル化が解禁された。たとえば、重要事項の説明については、従来、書面交付が義務付けられていたが、借家人が同意すれば、電磁的方法による提供が認められることになり、また電子契約もできるようになったのです。この改正は、2022年（令和4年）5月18日から施行されています。

・**賃貸住宅の管理業務等の適正化に関する法律**　借家の管理業務を扱う管理会社（賃貸住宅管理業者）やサブリース業者（特定転貸事業者）を規制する新法で、賃貸住宅管理業者の登録制度創設（令和3年6月15日施行）、サブリース業者と大家さんとの賃貸借契約についての規制（令和2年12月15日施行）などがあります。

　本書が、大家さんと借家人や不動産業者とのトラブル解決や事前のトラブルの回避に、お役に立つことを願っています。

　令和6年11月吉日　　　　　　　　　　　　監修者　弁護士　横山　正夫

【編集部から】

　本書は、2010年（平成22年）初版を刊行、2015年（平成27年）12月11日刊行の第3版までは、B5変形判でした。前回、2019年（令和元年）7月4日刊行の第4版から判型をA5判に変更しています。

〔監修者紹介〕

横山　正夫（よこやま　まさお）

弁護士。昭和23年栃木県足尾市出身。47年慶應義塾大学法学部卒業。57年弁護士登録（東京弁護士会所属）。

貸主・借主の代理人となって多数の不動産事件を手がけるほか、会社、家庭事件等一般民事、刑事事件の処理に活躍している。著書に『どんな場合にいくら払う!?　立退料の決め方（共著）』（自由国民社）などがある。

＊事務所　〒113-0033　文京区本郷3-31-3　本郷スズヨシビル4階

横山・齋藤法律事務所

〔著者紹介〕

飯野　たから（いいの　たから）

フリーライター。山梨県生まれ。慶應義塾大学法学部卒業。

著書に、『家と土地のことならこの1冊』『男の離婚読本』『戸籍のことならこの1冊』（以上、共著）、『有利に解決！　離婚調停』『有利に解決！　相続調停』『撮ってはいけない』『ネット予約時代の 困ったお客のトリセツ』『非正規六法』（以上、自由国民社）などがある。

大家さんのための賃貸トラブル解決法

2025年1月20日　第5版第1刷発行

監修者	横　　山　　正　　夫	
著　者	飯　　野　　た　か　ら	
発行者	石　　井　　　　悟	
DTP制作	有 中　央　制　作　社	
印刷所	横　山　印　刷　株　式　会　社	
製本所	新　風　製　本　株　式　会　社	

発　行　所　　㈱ 自 由 国 民 社

〒171-0033　東京都豊島区高田3-10-11
TEL〔販売〕03(6233)0781〔編集〕03(6233)0786
https://www.jiyu.co.jp/

Ⓒ 2025　落丁、乱丁はお取り替えいたします。